叢書人物傳記資料類編

仕宦卷

4

本社影印室编

國家圖書館出版社

第四冊目錄

（清）佚名撰

愍忠錄

二卷

崇正叢書本

嗚呼有明殉難之士何如此之衆也自王侯以至庶人下逮臧獲婢妾舍生取義炳若日星有慷慨激烈奮不顧身者有從容就義視死如歸者有飲血疆場兵盡矢窮救援不至而後斃者有嬰城固守心力俱瘁城亡與亡者有少忍須臾欲圖報復志不克伸而就戮者有糾約戚友共成大名者有偏辭鄉里隻身赴難者有不忍絕嗣遣其子弟悉為籌畫而後自盡者有要其妻妾率其子女全家同死者死不同而所

以死則同嗚呼盡難之士何如此之衆也三代而後罕有與匹此錄所載獨不及蜀為蜀已糜爛書不勝書蜀碧一書已可概見然舍蜀而外豈遽詳盡余嘗聞諸父老曰金陵有丐者殉國自縊題一絕以見志其詩曰三百年來養士 朝如何文武盡奔逃綱常留在卑田院乞丐羞存命一條亦不詳其姓名即此可見綱羅散失之難茫茫宇內湮沒於金陵丐者又何可勝道哉葉晴峯氏序

愍忠錄卷上

北都

東閣大學士工部尚書贈太傅范文貞公景文〇字質公吳橋人癸丑進士京師陷投龍泉巷古井妾亦自縊

户部尚書兼翰林院學士贈太保倪文正公元璐〇字鴻寶上虞人壬戌進士遺語家人曰必大行殮方收吾屍文正從未有以贈死節者倪公之弟請曰曾子云得正而斃孟子云順受其正

何必不謚死節者於是
并劉僉事之謚亦定

左都御史贈太保吏部尚書李忠文公邦華〇字懋

明吉水人甲辰進士城陷縊於文信國祠中

兵部侍郎贈太子少保王忠端公家彥〇字遵五蒲

州人壬戌進士守德勝門聞賊入自投城下不死

復自經

刑部侍郎贈尚書孟忠貞公兆祥　字肖形交河人

壬戌進士守正陽門死於門下妻劉氏亦死

左副都御史贈左都御史施忠介公邦耀〇字四明
浙江餘姚人己未進士京城破飲藥死
大理寺卿贈刑部尚書淩忠清公義渠〇字茗柯烏
程人乙丑進士城陷盡焚其生平著述絕吭死
太常寺少卿贈兵部右侍郎吳忠節公麟徵〇字磊
齋海鹽人壬戌進士麟徵初登第夢一人叉手向
背吟文信國公山河破碎水飄絮身世浮沉雨打
萍之句問之途人云是隱士劉宗周時吳未識宗

周當城陷時有祝孝廉淵者以奏保宗周被逮留京師公之故人也臨命值祝至酌酒慷慨告以前夢乃殉節其事甚奇

左春坊左庶子贈吏部左侍郎周文節公鳳翔〇字巢軒浙江山陰人戊辰進士流賊陷京公自縊臨死以詩寄其親有碧血九原依舊主白頭二老哭忠魂之句聞之令人流涕

左春坊左諭德贈禮部右侍郎馬文忠公世奇〇字

素脩無錫人辛未進士以司經局印授其僕焚朝
衣於庭北向再拜南向遥拜其母而絶
左春坊左中允贈詹事府正詹劉文正公理順〇字
湛六杞縣人甲戌殿試第一名居鄉有賢名賊李
巖其同邑也掌箭遣人護之聞已死乃拜哭去
翰林院檢討贈少詹事汪文烈公偉〇字長源休寧
人戊辰進士臨死大書於壁曰夫婦同死節義成
雙

太僕寺丞贈少卿申節愍公佳印〇字素園永平人

辛未進士投井死

戶部都給事中贈太常寺卿吳忠節公甘來〇字和

受新昌人戊辰進士城陷死之

御史贈太僕寺少卿陳愍公良謨〇字賓日浙江

鄞縣人辛未進士

御史贈太僕寺少卿陳恭節公純德字滄園湖廣

永州人庚辰進士

御史贈大理寺卿王忠烈公章○字芳洲江蘇武進
人戊辰進士巡城至阜城門城已陷賊持刀說降
公大聲叱之遂遇害
吏部員外贈太僕寺卿許忠節公直○字若魯如皋
人甲戌進士城陷自縊
兵部郎中贈大理寺卿成忠毅公德 字潛民懷柔
人辛未進士崇正崩公以雞酒哭奠梓宮賊露刃
脅之不為動其母與妻皆自縊一子甫九歲公撲

殺之即自盡

兵部主事贈太僕寺少卿金忠節公鉉〇字伯玉京師人戊辰進士鉉初以駕部巡皇城每過御河輒流連不能去歸語其弟曰我一見御河若依依不忍舍何也城陷竟投河死其弟鎵亦死其母章氏贈恭人妾王氏合家併死

大同巡撫贈兵部尚書衛忠毅公景瑗〇字帶黃陝西韓城人乙丑進士

宣府巡撫贈左都御史朱忠莊公之馮〇字勉齋大興人乙丑進士初總兵王承印誘宣人降賊會居庸總兵墨雲瓦至之馮宣言京師將發兵誅宣人之應賊者已而刑牛馬與承印盟賊至承印開門降之馮死

進士贈河南道監察御史孟節愍公章明〇字伯昭忠貞公兆祥之子癸未進士

太傅新樂侯贈太師恒國公劉忠壯公文炳〇字洪

筠其先海州人以靖難功為和陽千戶籍任邱後遷宛平瀛國公應元之孫新樂伯效祖之子甲申三月賊圍都城甚急上登萬歲山眺望文炳與駙馬鞏永固日侍左右受手詔諭勳戚出家丁巡緝京師無應者及外城破上顧謂之曰能為朕一巷戰乎兩臣對曰今止臣等親隨數騎耳士卒散亡其何以戰上曰一至是乎朕志決矣不能為太祖高皇帝守社稷當為社稷死耳卿等宜自為計語

未畢淚涔涔下兩臣皆曰事已至此亦惟守君辱臣死之義耳於是君臣相向哭城破侯與駙馬奮力各殺數十騎回顧宮中火起下馬投井顧其影乃戎服曰此軍容不可見皇上於地下索冠服不得得他人冠而小裂而戴之遂投井死

駙馬都尉贈少師鞏貞愍公〇永固大興人京城陷與劉忠莊公各殺數十騎聞帝已崩乃以黃絲繩縛子女五人於柱曰帝甥也不可以辱於是鍵其

門舉火合家焚自死
太子少保左都督贈太保劉忠果公文燿○新樂侯
文炳之弟守外城永定門外城陷馳至渾河收散
卒未幾聞内城亦破乃大哭曰天乎文燿在外城
不即死者方謂内城必能守得一見皇上請罪耳
何期竟至是耶乃著一版於井旁曰太子少保劉
文燿死處即投井死
兵科給事中贈太僕寺少卿顧公鋐

工科給事中贈太僕寺少卿彭公琯
貴州道御史俞志虞
四川道御史趙譔〇南雲昆明人被執不屈遇害
大名副使贈右副都御史朱公庭焕
户部郎中贈太僕寺卿徐公有轂
順天府推官劉有瀾
光禄寺署丞于騰蛟
副兵馬司姚成

中書宋天顯滕之祈阮文貴

經歷張庭選一作應選，毛維張

順天府知事陳貞達

順天府訓導孫順桐城人高攀桂靜海人張體道聞喜人閻汝成南宮人徐蘭芸永平人。以上俱貢生

順天府諸生曹肅與其弟時家合門盡節

儒士張世禧及其二子賞懋賞官皆殉難

布衣贈中書舍人湯文瓊

成國公朱公純臣○思宗危急時傳硃諭至閣命純
臣提督内外諸軍討賊并託以東宮時閣臣以散
無人在閣遂置諭於几上純臣不知也城尋破李
自成得之公遂遇害
定遠侯鄧公文明
武定侯郭公培長
陽武侯薛公濂
永康侯徐公錫登

鎮遠侯顧公肇迹

西寧侯宋公裕德

都督周鏡○係烈后之弟夫婦同自縊

右都督方履泰○係南和伯方一元之子投井死

遂安伯陳公秉衡

保定侯梁公世勳

豐城伯李開先公○以上三人皆被執不屈

惠安伯贈太師張忠武公慶臻　永城人合門自焚

死惟次子承志冒險南歸

襄城伯贈太子太師李忠武公國貞○三韓人襄城被執見自成不屈自成善遇之欲其降因言烈帝宜葬以禮太子諸王不可殺戮自成從之及帝改葬乃痛哭於梓宮前自盡

少傅左都督劉公繼祖及其妻某氏二妾皆投井死○繼祖瀛國公應元次子文炳文燿之叔也守皇城象安門聞變馳歸大呼皇帝數聲投井死其妻

妾皆從之

懷寧侯孫公維藩

彰武伯陽公宗獻

宣城伯衛公時春

清平伯吳公道周

新建伯王公先通

安鄉伯張公光燦

錦衣衛僉事田宏祥自縊田宏謨被害皆戚臣宏遇

之弟
錦衣衛千户李國祿王國興李若珪高文采
新樂侯劉文炳母太夫人杜氏并其妻夫人王氏李
氏吴氏老幼十餘人皆自盡○太夫人新樂伯效祖
妻也效祖三子文炳文燿文炤炤瀛國太夫人杜
氏所出寇圍城急太夫人服命服登樓懸孝純皇
太后像名文炳妻王夫人并李夫人吴夫人至拜
哭曰太后恩深自此不得報矣謂文炳曰爾疾馳

去不必顧家多殺一賊報國即以慰我文炳去太夫人謂瀛國曰爾從文焰去殉國徇節我任之存家存後爾任之文焰涕泣不忍去願同死太夫人曰爾不宜從死爾兄受國厚恩國亡與亡不得不死爾非兄比且劉氏不可無後瀛國太夫人在當奉之潛匿行矣勉之於是文焰泣拜易服更名奉瀛國潛去太夫人即於樓上作數十繯曰大家一處死命積薪樓下死即焚之城破當就縊李數縊

不絕或勸之投井李曰同一處死杜太夫人命也、吾敢獨異耶卒就縊火發舉家焚死獨一僕潛出遇丈焰於江南瀛國淂以壽終而劉氏子孫不絕

兵部郎中成忠毅公之母張淑人〇忠毅初以直節為烏程所忌下獄淑人廷對慷慨有丈夫風京師陷忠毅跪母前而哭淑人曰吾知汝意矣汝死吾願同難乃先自盡

翰林院檢討汪文烈公之妻耿氏〇京城陷文烈與

恭人飲酒題詩於壁其縊也恭人在左乃復下曰
不可亂夫婦次序從容易位而沒

左春坊左中允劉文正公妻萬氏妾李氏

御史陳恭愍公妻時氏

左春坊左諭德馬文忠公妾朱氏李氏

宮人費氏〇自誠入宮費靚粧盛飾偽為長公主欲
殺自成為帝報仇或辨其訛自成賜其裨將羅賊
費謂羅曰我固長公主也義不苟合須待以禮羅

大喜從之日暮共飲費持觴婉勸羅大醉因持利
刃殺之費即自刎死

宮人魏氏○李闖醉入宮中魏氏握利刃突起刺之
不中就縛死亦甚慘○其餘宮人之投御河死者
二百餘人

總督京營太監王承恩謚忠愍 隨帝自縊

前司禮太監李鳳翔謚忠壯 城破自殺

同時自盡者又有太監王之心褚憲章張國元

保定

光祿寺少卿張公羅彥○賊至大書官爵姓氏於廳事之壁妻妾幼女及子婦於井而後自經有二犬守之不去噬一跣足賊絕其拇賊大駭乃埋之

觀政進士張公羅俊○羅彥之兄守東城城陷從衆中擊賊刃落以兩手抱賊齧賊耳血淋漓口吻間大呼曰我進士張羅也罵賊而死

諸生張羅善○羅彥弟賊至有勸之走者曰我家有

忠臣豈可無義士遂投井死

武進士張羅輔○初謀偕伯兄潰圍出羅彥不從城陷羅輔射殺數十人矢盡乃拔刀馳馬砍賊賊圍之裂屍死張氏兄弟五人惟幼弟羅詰出亡免

張羅彥之子晉羅俊之子諸生伸俱死

羅俊伯母李氏年七十四罵賊死

羅善妻高氏率三女從夫投井死

羅輔妻白氏攜一子二女投井死

羅彥妾宋氏錢氏及其媳師氏俱入井死○初羅彥
令其妻趙氏與二妾同死趙獨不沉家人出之再
入如故有抱張晉之子華宗至者曰夫人死將令
張氏無後乃相扶潛出水門偕嬰孫入山得免
張羅士妻高氏羅喆妻王氏張震妻徐氏張龔妻劉
氏皆自殺張氏自光祿以下合門死者二十三人
監察御史金公毓峒○毓峒守西城城陷一祿衣賊
追之入三皇廟毓峒奮拳擊賊賊仆遂懷監軍印

投廟前古井死

金毓峒之姪武舉振孫及振孫之妻王氏○振孫協守西城善射斃賊多名城陷或勸避匿振孫大呼曰我御史金毓峒姪也賊支解之其妻自縊

保定府同知攝府事邵公宗元○宗元攝府事守城甚力太守何公至以印讓宗元未幾城陷宗元持印走駡賊被殺手握印不解賊斷兩指持印去

保定府知府何公復○太守至城已危因邵公守甚

力故不受印未幾城陷焚死

後衛指揮劉忠嗣及其妻毛氏媳王氏妹楊千戶妻劉氏并其女皆死○忠嗣與邵宗元張羅彥同守城事急令婦女等先自盡仍復登陴抗賊城陷猶手刃數賊力盡被執剜目劓鼻死

左衛巡捕指揮文運昌偕妻宋氏投井死

原任邠州知州韓東明及其子仲淹皆死之○城破東明具衣冠望闕拜畢辭祖先投井仲淹墜城死

原任平凉府通判張維綱○罵賊不屈被害
舉人高涇投井從孫範被殺張爾翬與妻唐氏俱死
貢生郭鳴世擊賊被殺
生員賀誠及妻女皆死何一中同妻趙氏自縊王之
琎同妻齊氏暨三子二女皆死韓楓與妻王氏同死
又内臣方正化殉難○正化故保定總監守城甚力
將陷以頭觸城大哭為亂兵所殺
又工科都給事中尹洗舉人劉會昌貢生王聯芳生

員王世琦皆被害

河南

汴梁之亡亡於水闖三圍汴梁積數月之久不能
下其間忠臣義士指不勝屈已見守汴日志一書
玆故不錄洛陽福邸在焉故先書洛陽

南京吏部尚書贈太子太保再贈太傅呂忠節公維
祺○公守洛陽北門城陷被執北向痛哭大罵曰吾
天子大臣死不愧天地不愧聖賢夫復何憾遂延

頸受刃

分守河南道副使王允長○洛陽城陷被害

河南府知府亢孟檜○山西舉人詈賊死

偃師知縣徐日泰○金谿縣貢生為賊所執被磔

鎮守南陽鎮總兵猛如虎

左都督姜名武○崇正十五年與賊大戰於

朱仙鎮七日七夜力竭死特進榮祿大夫左都督

三邊總督傅宗　死於項城

陝西巡撫汪喬年死於襄城

河南巡撫王漢被賊害於永城○漢初授河南縣時
河北十九州縣盜大起惟漢大得民心殺土寇殆
盡覃懷之間悉賴以安

保定總督楊文岳死於汝寧城

分巡大梁道叅議李乘雲○乘雲高陽人力守禹州
城陷血戰連斬數賊力窮被執大罵不屈支解死

睢陳兵備道僉事關永傑○字人孟隴西人辛未進

士赤面長髯極類民間所繪
聖帝圖像自言係
聖帝後裔守陳州力竭猶手斬數賊被執賊欲招降
公曰吾敢以貪生負國恩負祖訓耶遂大罵不屈
而死
分巡道僉事艾毓初○字孩如辛未進士米脂人守
南陽遇害
分守汝南道僉事王世琮○達州舉人與保督楊同

時被害○汝寧通判朱如寶亦同被害如寶成都舉人

監軍道任棟永壽貢生

開封府同知蘇茂均

管糧通判彭士奇

倉大使徐升

稅大使閻生白

監軍同知孫兆祿

通許縣費令謀○鉛山舉人抵通許任甫四十日守

城力不支賊令攻城三日不下者屠城乃名父老
曰救援不至孤城斷不能守我死免爾輩屠戮之
慘乃投井死次日賊出之面如生
太康縣魏令望○武鄉人庚辰進士城破命童僕速
行舉家自焚死
尉氏令楊鵬河津舉人洧川令柴存禮江山人貢生
鄢陵知縣劉振之慈谿舉人
陳州知州侯君擢咸寧舉人

西華知縣劉伯謙○商水知縣王化行

新任商水縣姚文衡

許州知州王應翼京山舉人襄城縣曹思正岷州舉人

歸德府同知顏則孔沂州貢生推官王世琇清苑進士

鹿邑縣紀懋勳膠州舉人宜陽縣唐起奉

永寧令武大烈○靈寶令朱珽

新城縣邱茂○汝陽縣文師頤廣西舉人視事甫二日守城不屈竟以殉

汝寧府知府傅汝為投城壕死

遂平知縣劉英○貴州貢生自成犯豫所向無堅城英激勵民勇嬰城固守待救不至度不能終拒乃率義勇出城力殺數賊死於城北劉家橋

郏縣知縣李貞佐及其母喬氏妻某氏俱死○貞佐安邑舉人率士民堅守城破賊縱兵大殺貞佐厲聲曰驅百姓死守者知縣耳妄殺何為李自成褫其衣冠倒懸於樹貞佐大呼曰高皇帝有靈我必祈上帝以殺賊賊斷其舌剮之

郟州知州史記言

鄧州知州孫澤成〇同知薛應齡皆戰死

宏農指揮掌君錫〇訓導王誠心〇邑紳教諭姚君弼指揮楊道泰阮我疆鎮標陳三元俱遇害

鄧州知州劉振世〇賊再陷鄧州振世與吏目李國璽死之

千户余承蔭李錫諸生丁一統手刃三賊而死張五美被賊剜目鑿齒而死王鍾王之章海寬傅彥被賊支解死

鎮平縣鍾其碩 成縣人 内鄉縣龔新 江西舉人
舞陽知縣潘宏 山陽人 魯山縣楊呈芳 山海衛貢生
寶豐縣張人龍 遵化貢生 葉縣知縣張我翼 涇陽舉人
生員陳預抱陳預養陳預懷兄弟三人及其母氏妻
子皆投井死 三人皆生員舞陽人
泌陽縣王自昌城陷死之
新安縣陳某○守城竭盡心力三日始拔自成怒命
屠之公大呼曰守城者知縣耳百姓何與賊磔之

百姓之幸免者皆圖其像以祀

上蔡縣許永禧○曲沃舉人城破賊脅之降不屈北
面再拜自刎死○西平縣高斗垣繁峙貢生

真陽知縣王信○真寧貢生十一年出撫土寇值流
寇數萬擒至執之欲挾以誘真陽羅山公不可遂
遇害賊取其首去邑諸生田育率鄉勇力追之獲
其元面如生贈光祿寺少卿予特祠

商城知縣張國光大興舉人十六年知商城縣撫

綏流亡力禦寇盜民賴以安聞北都破從容具衣冠北向再拜曰主辱臣死予小臣願從先帝於地下遂自經死

信陽州知州高孝志○江都舉人城陷不屈死

固始縣朱臯鎮巡檢郝瑞日○陝西人十五年以巡檢署羅山縣事李自成僞官張其至土寇萬朝勲與之合執瑞日朝勲夜置酒宴羣賊賊皆醉瑞日乃持匕首刺殺朝勲截其脰懷印而走欲投鳳督

大雨不能進復為賊所執嘉其勇膽欲留之大罵
不屈而死從行二童子亦死
汝寧遊擊朱崇祖○汝陽人以軍校游升出兵磁州
通州屢著戰功殺土寇般守祖城陷力殺數賊與
妻孫氏自焚死
汝寧千戶袁永基○性剛直有才能尤精天文勇敢
善戰城陷猶手刃數賊歸與其母王宜人訣束甲
與賊巷戰復殺數十人其次子世允并家丁三人

皆與難王宜人亦投井死

副將馮某○失其名李自成攻汝寧馮隨楊文岳力戰殺賊無算勢窮自刎

西關叅將王某○北關副將趙某○皆失名自成攻汝寧兩將力戰勢窮自刎

汝寧千戶劉懋勳楊紹祖王基蕭承運張維敬百戶葉榮蔭葉承德李衍壽闞忠國皆戰死

汝寧舉人王調鼎○貢生林景暘○生員趙重明費

明楝楊應貞楊應祥吳秀楊鑣李璣張經訓馬獻書
李士諤郭正誼趙得唐胡端馬駿李梅先趙純趙樸
李甲○監生趙得庚楊道臨黃鼎雲城破皆死之
邑紳之死難者都察院左副御史楊所修○字脩白
商城人萬歷庚戌進士賊攻商城協守西門城陷
死之
通政使李夢辰戊戌進士
巡撫宣大右副都御史張繼世

翰林院檢討馬剛中〇字抑伯商城人甲戌進士由
大同推官考撰內用以乞假歸獻忠寇商城公率
義勇登陴死守或勸之去公曰我誓與此城存亡
詎爲此言可斬也城陷遇害
戶部主事崔泌之〇字卜定鹿邑人乙丑進士
懷仁縣知縣楊士英城陷與子婦王氏一併遇害
臨汾縣知縣張質
項城教諭王多福息縣人

舉人王受爵陳州人手刃數賊而死張治載馬德茂皆汜水人巷戰死

舉人王調鼎汝寧人

生員李梅先趙純趙樸李甲許宣許寀許宮○許氏弟兄三人皆丙鄉人倡義入鄧州執偽官堅守賊攻破之寀與生母常氏皆投井宣與宮巷戰死宣妻鍾氏宮妻陳氏皆自經妹許氏罵賊被殺人稱許氏七烈

舉人徐作霖吳伯裔吳伯允皆歸德人

劉時寵○上蔡人孝親孝城陷父宗禮年老不能行自殺而命時寵逃難時寵仰天長歎刺殺其一子三女夫婦俱自殺其已嫁之妹亦死

朱耀○固始人與其父允義兄炳兄思誠皆勇敢冦圍城耀父子力戰衝突悉力禦賊賊稍退耀斬數十賊身入重地為賊所擒大罵不屈而死父與兩兄糾鄉勇奮發復仇賊大敗退去固始乃全

義民馮元之兄弟率鄉勇戰俱死

副將李萬慶守襄城城破力戰死贈榮祿大夫立祠

襄城

副將劉國能守葉縣城破死甚烈○國能即降將飛虎李萬慶亦降將射塌天又有降將掃地王張一川奮力擊賊被擒賊剮之

野史載鄧州殉難者有都司張守正等十人鄉紳魏完真等十人生員李文鵬等一百四十五人武生王應鵬等十人義民馬玉書等五百餘人烈婦王

氏等十五人

長葛典史杜復泰等二人鄉紳舉人孟良屛等十一人生員張範孔等五十九人烈婦戴文妻王氏等十五人

省祭官王有威

臨潁千總賈蔭序襄城典史趙鳳翥俱嬰城固守力竭死

愍忠録卷下

陝甘

兵部尚書三邊總督兼制應鳳江皖豫川楚黔軍務孫公傳庭○十六年十月郟縣之敗公固守潼關關破公退屯渭南賊攻渭南公督兵力戰陷陣死公妻張夫人於西安破日率六妾二女沉於井揮其八歲兒踰垣避遇老翁收育之公長子世瑞重趼入秦得夫人屍面如生老翁以八歲兒歸其兄相

將田籍

參軍喬遷高定襄人與孫公同死

巡撫陝西都察院副都御史馮公師孔西安城陷死之

按察使黄絅○字季侯汝寧光州人天啟壬戌進士
初以蘭州兵備破李自成於山中由洮州道升按
察使西安陷賊誘以重爵正色不屈投井死妻王
淑人先自盡子黄奭先以乙亥在光州巷戰死

大同總兵太子少保曹公文詔○公勇敢素著屢破

流賊立戰功時人謠曰軍中有一曹流賊聞之心膽搖八年七月與賊戰於真寧斬級五百三戰三捷乘勝率輕騎突追數十里賊衆蟻集衆寡不敵力屈自刎從官死者二十餘人此二十餘人中有傳有不傳有幸不幸也當日之死王事而湮沒者豈僅此二十餘人哉弟文耀亦力戰死於陣子變蛟勇勁無比後亦死於軍中事聞贈太子少保蔭一子世襲指揮

副將艾萬年。與賊戰於寧州之襄樂鎮中伏被圍

猶力斬賊數十而死

副將柳國楨 與萬年同沒

長安縣知縣吳從義 順天人庚辰進士

指揮崔爾達○秦府長史章世炯 西安城陷皆死之

西安城陷紳士死者禮部尚書南公企仲○渭南人

萬歷庚戌進士年八十三遇害

工部尚書南公居益 企仲姪被炮烙死

禮部祠祭司主事南公居業 企仲子被炮烙死

右副都御史焦公源溥三原人罵賊被害

宣大巡撫焦公源清不受偽官被害

御史王道紀○叅政田時震○僉事王徵不食七日死

副使祝萬齡冠帶至聖廟拜

孔子自縊

誥封都察院副都御史朱公常德

舉人席增光　朱誼泉俱投井誼泉係宗室

都司舍人邱東周○長不滿三尺城陷被獲醉罵自

成曰爾小人擅據王府日追鄉官餉殺害百姓不久死亡左右欲兵之自成曰酒鬼耳牽去不屑汙刃乃擲地下時寒甚凍死或云姓戴與流寇瑣記互異

商雒道黃公世清滕縣人甲戌進士城破死之

渭南縣知縣楊暄○山西萬全衛人庚辰進士暄初與蔡教官同守城李自成將至舉人王命誥潛出往迎十里外自成至開東門城陷索知縣印暄不不與擒之至大罵與蔡教官俱被難命誥尋以事被

劉宗敏答掠欲殺之自成不許用為偽兵部尚書
其父亦舉人曾為忻州刺史降賊賊敗為亂兵所
殺命誥追去
蒲城知縣朱一統○中牟知縣朱新鏌與妻妾俱死
鳳翔知府唐時明○字爾極固始人萬歷戊午經魁
賊至竭力死守不能下有典史董尚賓為內應城
陷自成遣牛金星誘降又令尚賓說之大罵自縊
死次日自成封尚賓為知府尚賓忽發狂疾暴卒

人咸謂唐公陰擊之云

平凉知府簡仁瑞○崇信知縣龐瑜

榆林兵備副使都任祥符人癸丑進士城陷自刎

總兵王世國提督將軍威之子總兵王世臣世國弟

總兵尤世祿○總兵李昌齡故延綏總兵僑寓其地

總兵惠顯被執飲酖死總兵劉某史失其名

副將尤耀文　常懷德　李登龍　張發　楊明

遊擊孫貴　尤養崑　守備白慎　李崇叙皆以麾將守榆

林遇害

守將遊擊傅總　潘國臣　李國奇　晏維新

陳興　劉芳　劉廷傑　文侯國

守備尤勉　惠漸　賀大雷　楊以偉

榆林衛指揮李文焜　李文燦

慶陽副使段復興○推官華居聖○寧州知州董琬

慶陽紳士麻僖○字三軒萬歷丁未進士官至太常

寺少卿

耀州紳衿太常寺卿米師襄

固原紳衿張鳳翮 曾任江西巡撫

甘肅巡撫林公日瑞○副將郭天吉

鞏昌監牧同知兼監紀甘州軍事藍臺

中軍哈維新洮世儒○州紳羅俊傑趙宦

固原道陸夢龍

咸陽知縣趙躋昌○扶風知縣王國訓

山西

巡撫山西提督雁門等關都察院右副都御史蔡忠
襄公懋德〇十五年晋飢飢土寇恣甚公悉平之李自
成之破潼關也公以八月至平陽防河十月廷議
以公儒者非戡亂才詔以郭景昌代之嗣賊寇逼
至有勸以解任自便者公曰吾平日講學頗明死
生大義今安危在呼吸之秋忽去之乎縱新撫至
余亦同殉封疆耳其再從六原出師救平陽也諸
將難之公曰吾固知力不能但不救平陽逆賊長

驅無險可守郭總拚一死與其束手以死于賊不如殺賊而死于戰已而晉王及士民泣阻馬前馬不能行皆以守省城為請乃止公嘗遺書與寧武總兵周遇吉約與同死曰賊萬一渡河我力守太原以蔽其東公死守寧武以扼其北彼欲長驅直犯畏兩鎮之議其後援師漸集京師亦可萬全周深愍之惜大勢已去人心瓦解不克全兩公之志可慨也夫

巡撫中軍應公時盛〇 時盛與蔡公竭力守城裨將張雄有異志先伏人焚城樓火藥時盛叱而追斬之不及藥焚風狂火烈時盛見大勢已去乃至南城遇賊巷戰擐甲持矛左右衝突迴顧不見公遂單騎潰圍出俄而遇公于道中公已棄馬仗劍立時盛曰何棄馬為公曰 諸將欲擁我奪門我應死去將何之提舉黎志陞亦勸我行我誓不往 諸將以公下馬不肯行乃擁巡道楊公貞奪西門出 黎志陞時為提舉降賊賊授偽禮部侍郎 時盛曰

吾義不負國以負公乃扶公至三烈祠解其袍帶
以為公縊於東梁之左憂其身輕取已鐵甲披之
乃絕時盛向公再拜而自縊於東梁之右是日也
時盛手擊殺數十人賊辟易無敢當者歸家即令
妻子自殺而後與公同縊
三關總兵贈太保周忠武公遇吉○賊圍寧武大呼
曰五日不降即屠城公發火器擊賊賊死萬人復
設伏城中誘賊入又殺數千人城破復完者再自

成悉力攻之苦持數日救援不至城陷公持矛奮擊往來衝突復殺數十百人一馬蹶乃棄馬巷戰又手斬數十人身矢集如蝟力窮被執大罵而死自成目眩曰使守將盡周將軍吾安得至此乎

周忠武公母太夫人某及其夫人劉氏皆焚死○太夫人縱火焚其居劉氏跨馬彎弓率家僮巷戰殺傷數百人矢絕然後赴火死家僮無一人降者賊憾之屠寧武凡殺三十餘萬人○或曰劉夫人勇

力過忠武弓之強一軍莫能挽率僕婦百餘巷戰
殲斃賊數百人矢盡僕婦死傷過半乃舉火自焚
死忠武有子數歲健丁百餘人夫人屬之曰能衛
賊出為都督全此子幸也健丁負之巷戰力盡并
其子死之無一人降賊
布政使趙公建極罵賊不屈死○公字生同河南永
寧人己未進士 其家居王范寨寨破為自成所屠
建極五子皆被害太原亡家仇國憤一時并集故

罵賊尤烈其死其慘

按察司副使兼參議督糧道藺公剛中○字恒生山
東陵縣人辛未進士十六年十月至太原撫臣蔡
公方駐師蒲陂公分守城東與諸司道設守甚力
時賊勢張甚公以王繼謨所遣陽和標兵三千調
防省城甚驕蹇慮為賊應强移之南門外城中稍
安十七年賊逼晉河東望風數潰獨汾州道范士
髦斬叛待援而公與蔡公三斬城吏為守具賊手

二月六日攻太原明日南關外城陷果陽和叛兵
應之也公在城上殺賊數十會日暮陰曀大風沙
擊面公督守益力遲明叛將張雄引賊入公縊而
未絕被執大罵遂被害屍仆復躍起丈餘作擊賊
狀賊衆皆辟易

冀寧道僉事畢拱辰 萊陽人丙辰進士

副使毛文炳 邠州人戊辰進士

裨將牛勇 朱孔訓 王永魁

原任都司張宏業　百户彭鯤　千户司鼎

晉府典仗樊子英　晉府儀衛司瞿通

諸生宗室朱霞○霞父慎正賊以其老欲釋之大罵

曰爾覆我宗室恨不食爾肉欲殺即殺何生爲延

頸就刃不愧宗室

諸生樊維藩　魏選奇

指揮劉秉鉞　馬負圖　原任守備申鼎欽

羣牧所千户王德新　北城鄉約江明駡賊死

靈邱府掌理朱慎鏤○宗室朱文衡 朱長安

宗室貢生朱敏來○授龍門通判間太原陷封府庫

圖籍為父位望闕遥拜自經死

陽曲舉人張景維○授光山知縣未任被害

陽曲生員任萬民○以保薦授武城令城陷死之

陽曲貢生孫娛 任蒲州學正投井死

河曲生員楊應壁○民人苗根千 苗純粹 趙調

元 皆擊賊被害

貢生孫國顯及其妾鮑氏皆殉難

遼州知州李呈章信陽人丙子孝廉罵賊不屈死

邑紳戶部郎中葛凝秀平定州人甲戌進士賊脅授偽官不屈死

流賊入郢布政使王第魁妻江氏偕弟婦江氏同投塘歲旱塘淺二氏濡首泥淖中以死

湖廣

太子太保禮部尚書文淵閣大學士賀文忠公逢聖

○武昌將陷公自沉於漢江示夢於其家人曰吾

在漢昌某橋下翌日家人潛往視之果於橋下得公屍屹立不動面如生事詳談往

附賀相國致戚友書

據今日耳目觀聽咸謂逢聖閣員矣乃逢聖固自有根本不可忘者高曾以上事不及知先大父大母前嘉靖乙巳度荒年三日僅黄豆一升歲除一母雞易米二升五合先中憲所刋祠堂對聯當年雞豆休忘念此日兒孫勿妄思逢聖今日不念是

自絶其祖父母之澤也先中憲赤貧諸生授館四
十年每歲正月初六日起至十二月廿四日止一
領青布直衣坐處方方一塊藍色先恭人讓居于
孀因居數尺陋室中上漏下濕吹爨即在牀前烟
薰眼淚日食藜藿逢聖哽咽不能書今日不念是
自絶其父母之澤也即逢聖戊戌館于鍾祥己酉
館於嘉善寺或禦冬以絺或六月薦草癸卯揭曉
則先日絶糧丙辰報至則深夜丐酒今日不念忽

作兩截人是自絕其子孫之緒也念之若何亦曰不敢作業而已不作業若何亦曰救得一物是一物救得一事是一事而已救之若何亦曰服膺先中憲之訓餓死事小家中沒飯吃寧用菜羹糠粃度命切不可錯動了念頭為非分事貪非分錢其或非禮相加力誡子孫閉門謝過而已此極瑣屑事對揚先生何臚列乃爾先正有言孝子一步不忘親積之成大孝忠臣一事不狥私積之成純忠廉官一錢不苟取積之成清白烈女一笑不聞音積之成貞節天下事皆起于微成于慎微之不慎星火燎原

蟻穴潰隄吾畏其卒故怖其始也

參將崔文榮○楚府長史徐學顔

武昌通判李毓英全家自縊

邑紳馮雲路○熊雯

道臣張鳳翥○太守劉夢謙

黃州鄉紳副使樊維城罵賊不屈洞胷而死

黃岡諸生易道沛○易道暹及其子諸生易為璉

應山孝廉劉申錫○申錫家饒於貲養死士百人糾

約鄉勇恢復應山孝感雲夢等縣後賊衆紛集力
屈為賊將白旺所殺死士百人與申錫皆戰死
舉人程良疇○倡義白雲寨斬賊數十僞令白助公
守孝感良疇以義兵逐之恢復孝感良疇方征各
寨之降賊者助公逃至德安請兵破寨被擒白旺
强之以降不屈死之
隨州知州王燾太倉人戊午舉人
兵備副使張克儉時克儉已升河南巡撫未赴任而難作

推官鄺曰廣○襄陽知縣李大覺
湘陰知縣楊開○衡陽知縣張鵬翼
東安知縣陳道壽○又原任知縣馮一第甲子舉人己避亂入
山中其父為賊所執强出之賊授以偽官大駡不屈而死
署麻城縣知縣蕭頌聖
棗陽令郭裕○宜城令陳美○光化令萬敬宗
襄陽鄉紳福州判宋大勛○羅雄州知州蔡思繩
封禮部侍郎邱公民忠○大學士瑜之父城破自經

江陵舉人陳萬策○李開先○光化舉人韓應龍

江北

鳳陽知府顔容暄

留守司朱國相○千户陳宏祖○陳其忠俱禦賊戰没于陣

指揮程永齡等九人○千户盛可學等八人○百户

上官榮等二十人○内官崔臣等十人俱死于鳳陵之難

潁州知州尹夢鼇

通判趙士寬○與夢鼇皆巷戰被創投井合門死

指揮同知李從師　王廷俊○千戶孫升　田三俊

百戶羅元慶　田得民　王之麒

州紳兵部尚書張公鶴鳴○時年八十五歲賊倒懸

于樹射之大罵不屈死

尚書之弟張公鶴騰亦罵賊被害　尚書之子張大同

鄉紳劉道遠　田之穎　李生白　丁嘉運

舉人白精忠　郭三傑○生員死者七十七人

潁州衛生員死者二十六人

和州知州黎宏業

署學正舉人康正諫○訓導趙光遠

州紳監察御史馬如蛟○候選運判馬如虬○生員

馬如虹○又有張元貞　張時行　卜謨　卜志皆

失其官職

舒城邑紳翰林院編修胡守恒戊辰進士

蕭縣鄉紳任之彥等十六人○諸生孫思謙等五十

二人皆被殺

巢縣知縣嚴覺 湖州人貢生
廬州府知府鄭履祥 浮梁人丙辰進士
原任參政盧謙○城陷正衣冠危坐賊至兵刃交加
擲尸於池池水盡赤
潛山知縣李允嘉 沔邱人拔貢被執不屈死
潛山縣典史沈所安 仁和人與允嘉同遇害
遊擊朱子鳳
副將程龍 以火藥自殺 安慶參將潘可大

[illegible]

守備陳於王 前防浦口有功自刎面如生

偏將詹兆鵬○王希韓○陸王猷○黃宏猷 莫是

驊 唐世龍 王定遠 周嘉 張全斌 俞之夔

顧應宗 蔣逵 潘象謙 季靖

南京神機營都司徐元亨 以上俱戰歿

守獻陵楚撫宋一鶴○總兵錢中選

留守都司沈壽崇 以上俱自殺

鍾祥縣知縣蕭漢

附保定陳傳紀保定殉城諸人

世職指揮劉洪恩　戴世爵　劉元靖　呂九章

李炤　李一廣

千户楊仁政　李尚忠　紀勲　趙世貴　劉東源

侯繼光　張守道　百户劉朝卿　劉悦　田守

政　王好善　强忠武　王爾祖

守備張大同及其子之坦戰死

副總兵吕應蛟縊死○武進士陳國政投井死

忠順營中軍梁儒秀〇把總申錫　郝國忠被戕
中衛鎮撫管民治〇主簿沙潤明〇材官王尊義
醫官呂國賓　王鑛　王之琯被害
生員杜日芳　王紘　馮澤　王允嘉　吳栻　韓
廷珍　楊善舉　何光岳　韓紹淹　頡學會
王敬嗣　王繼桂　趙居晉　王冐祥　孫誠
趙世珩　楊拱辰　王建極　阮積學　王世珩
王致中　周之翰

義民劉宗向賊至不屈大罵迎刃死○義民田仰名
田自重○二人相約互殺其妻以殉難城陷仰名
殺自重妻羅氏自重殺仰名妻曹氏二人遂自縊
義民楊繩子殺賊勢屈自刎　張嘉善自縊　鄭國亨殺
賊不克自盡　李懋倫爲賊死　王捷　張智　劉養
心　朱永亨　胡來獻　胡得銀俱被害
儒士劉士達不屈遇害　王景曜爲賊射死　黃棟燒死
陳僖祖母張宜人母楊氏妻常氏妹金嬰妻陳氏城

破日張椿誥命楊一手挽常氏一手挽女并侍婢四人抱幼子甫周歲俱投井死合門殉節者九人

生員高植妻王氏〇舉人高杜妻劉氏同縊死

錦衣衛千戶賀詩妻翟氏一投繯死一時同死者十一人不詳其姓氏

進士王之祹妻張氏投井死一時同死者五十二人亦不詳姓氏其死箭死水死刃者不可勝數城内屍骸枕籍滿壑填滿僞官舉之三日不能盡

（清）謝蘭生撰

詠梅軒景忠録

二卷

詠梅軒叢書本

道光庚戌仲春

宴如錄

盦梅軒藏版

序

温郡雙忠祠之祀陳遘毅公馬忠勤公由來久矣忠勤公從子名顯姿者同死於難者也忠毅

公之死也其殉主節者有捕手林蕘焉而爲公家人張六寶亦殉焉爲公得謚以貽子參議君陳情上請奉

俞旨賜謚賜額與忠毅

公後先輝暎誠異數也

而從死諸人當時未及

具死難狀入奏後人

壯其節爲之設主於祠

而奉頴婆公栗主於中
龕之旁側位置朱協題
名點來稱毘陵謝厚菴
參軍權篆於斯患其顛
末因以告既為增建龕

廡設如禮新栗主而祔之復編校二公暨殉死諸人事蹟都為一卷以付剞劂目曰景忠錄而問序於余蓋高山仰止

景行行止之思也夫古今來忠臣殉國義士捐軀其激發於血性之不容已者原非欲顯其名於後也然而後之人考

諸簡編緬其氣節流覽
手山川徘徊亭觀慨
焉憑弔嘗悵當時記載
之闕略而思蓋有以表
彰之因之徵文考獻者

其軼於他說搜實聞於
故老而亟志之以爲快
況三公之節概載在
國史見諸志乘碑記其
諸從死者姓名雖未達

天聽亦各有事略附見
於篇而願弗為之裒輯
以徵信於後耶余觀察
來甌七年於茲矣幸賴
聖天子聲靈赫濯無遠

弗屆洋匯斂戢海波不
揚淂與同郡諸僚屬積
稍脩舉廢墜以示激勸
爰蒐錄之裒輯抑更有
關於名教者謂非余所

樂觀厥成者哉是為序

道光三十年歲次庚戌

季夏

恩賞花翎分巡浙江溫

處兵備道長白雲浦慶

廣搏子撰并書

詠梅軒景忠錄目錄

謝蘭生　晥季　編校

卷一

重建雙忠祠碑

重建雙忠祠記

雙忠祠增建龜座記

謁雙忠祠記畧

卷二

題詠

詠梅軒景忠錄

謝蘭生 畹季 編輯

卷一

御製固山貝子福喇塔碑文

推稽古選建懿親作屏王室罔不在外以著成勞故曾公晢於淮徐名穆師於江漢咸書典策足紀功宗爾福喇塔乃輔國公偏俄之子念係宗室俾仍父封嗣加特恩超列貝子爰閩越未靖師旅徂征簡佐戎行克揚我武電掃鯨鯢之衆屬行驕駱之餘乃禮未舉於勞還躬據捐於盡瘁朕惟生勤王事歿有寵章列於宗室之賢尤切榮哀之誼爰旌殊績以易

厥名特賜謚曰惠獻於戲惟慈愛有除殘之美惟叡哲有[illegible]
勝之能往勒貞珉光予屬籍

欽定名臣列傳

陳丹赤福建侯官人順治十七年由舉人選授四川重慶府
推官康熙元年卓異授刑部主事三年丁母憂七年服闋補
原官遷員外郎十年遷兵部郎中十二年授浙江溫處道參
署按察使十三年四月入
覲至東昌聞逆藩耿精忠叛丹赤以溫州與閩接壤爲浙東
門戶乃舍舟兼程赴溫州守禦時賊圍瑞安丹赤發兵援之
五月二十八日賊犯溫州急攻南門丹赤督兵登陴以砲矢

殺賊無算會總兵祖宏勳陰通賊六月初一日集在城文武
官至大觀亭會議開門迎賊丹赤慷慨責以大義誓死不貳
宏勳執丹赤手好語慰曰公閩人也獨不念骨肉墳墓乎丹
赤神色愈峻麾宏勳手曰吾知以死殉不知其他宏勳目千
總高魁持斧擁丹赤出丹赤罵曰逆賊女殺我
朝廷必寸磔汝魁以斧斷丹赤右臂遂遇害十五年左都御
史陳凱永疏請
賜卹
勅該督撫查奏十六年浙江巡撫陳秉直疏言溫郡當閩寇
圍困時在城文武不思固守倡議迎賊惟丹赤堅志不從慘

遣介鑽請優卹以慰忠魂
詔下部議尋議照例贈光祿寺少卿奉
旨陳丹赤殉難盡節殊為可憫著從優議叙部議贈光祿寺
卿奉 旨所議尚輕著再議具奏於是議贈通政使司通政
使廕一子入監讀書賜祭葬 允之三十三年
賜謚忠毅三十五年
勅建雙忠祠於溫州祀丹赤及同時殉難之永嘉縣知縣馬
琇三十八年
上南巡
駐蹕杭州丹赤子一夔時為湖州府知府迎

駕
賜御書名垂青史額
諭曰爾父為國殉難朕至今憫之賜此特表爾父之忠
甯海將軍謚惠獻固山貝子功德碑
葢聞元老壯猷方叔建維城之畧宗邦作誓會公鑒淮水之
師故緯武經文更有碑沈水底而輕裘緩帶定知淚灑山頭
非徒幕府功成宣之鐃吹太常論定鑄以鼎鐘也我
皇清甯海將軍謚惠獻固山貝子宗室福公殿下玉牒僊源
金枝帝胄鍾白山綠水之間氣滉漾銀潢受彤弓旅矢之榮
封輝煌寶册茲開似月必逢貫蝨以稱奇劍淬成花恒為剸

犀而耀彩乃者八閩有耿逆之變兩浙受殃及之危紓將濟
通妄營竄鼠羣陰肆狡謬效連雞蔓恐難圖波將漸及南天
關隘已破甌閩全浙藩籬竟侵台處條
王師之直下俄宗子之巡征躬在行間阸諸境上保赤城而
却敵已殲宋萬於軍中追緣嶂而熸師復擊揚么於水涘移
軍溫郡民欣時雨之來蘇大捷上塘賊苦迅雷之難掩由是
隨山而得路復連筏以渡江嶺號太平遂駐西山壁壘寺名
護國應爲東道祇林秉鉞以指揮龍戶蛟門並壯登壇而號
令江氣嶺祲全消斬將搴旗背水而鸛鵝俱陣追奔逐北滿
宵則草木皆兵固已三軍羆虎無不壯其猷而一隊蟲沙自

此舊落膽矣遂使閩浙全收梧甌再造新花細草兵氣爲日
月之光剩水殘山故壘護風雲之色盡力支大厦總天家之
籌畫居多手障狂瀾實閫外之勤勞最著也雖
廷議已加隆典
國史亦著崇勛但身沐深恩淺曲溟而卑華嶽目親偉伐仰
此斗以拜福星風土謳唫徒成稗史月明嘯咏久仰山頭昔
年辛苦之鄉魂應戀此是曰兜率之宇神之格思旣蒙靈佑
之重新應得豐功之載紀僉呈上請勒石垂芳 某 等承乏名
都瞻依盛烈耳聞目覩久傳故老之言心銘口碑難逆輿情
之請於今爲烈則當時之功業實屬非常歷久彌彰而此日

之表揚正以傳信因卽僉同之公論鐫爲不朽之貞珉庶勛
猷與日月爭光俎豆與山河俱永矣　旹
乾隆歲在庚申孟秋之吉浙江溫州鎭總兵黃有才浙江分
巡溫處道副使吳士端溫州府知府楊士鑑永嘉縣知縣何
樹萼溫州府學教授陸汝欽溫州府屬紳士陳王綬等公立

溫州府志名宦錄

陳丹赤舊志閩縣人康熙十三年任分巡溫處道覲回聞變
間道抵甌與紳民固守以待援師六月朔叛鎭內潰城池不
測丹赤風節自持親詣大觀亭閱視鎭亦偕往卽欲獻城因
素知其梗直陰使部卒持刀環立勢脅必從丹赤奮不顧身

力諍被害事平
贈通政使司政使奉
旨祭葬祀郡名宦廕子一夔任安吉州知州續擢兵部職方
司任湖郡守
馬珽通志陝西人康熙十一年知永嘉縣明決有才值十三
年閩變郡帥內叛爲之不從遂與副使陳丹赤同被害事
聞
贈按察使司廕子逸姿入監給銀致祭崇祀名宦按舊志稱
有異政得民心叛帥之變至死猶罵不絕口姪馬顥姿家人
張亦寶同捍賊遇害逸姿官至蘇松糧道康熙四十二年

駕幸江南因奏父殉難本末

賜謚忠勤

溫州府志襍記錄

康熙十三年耿逆叛變四月至平陽遊擊司定猷縛總兵蔡朝佐以獻城陷偽都督曾養性吳長春偽將軍朱飛熊盤踞平邑潛師渡飛雲江攻瑞安不下轉踰桐嶺溫鎮祖宏勳遣副將楊春芳遊擊魏萬侯迎敵萬侯與其子棟俱戰死春芳退歸賊遂進屯郡西山宏勳潛圖異謀六月朔集文武官於大觀亭諸悍卒悉露刃巡道陳丹赤知有變抗聲不屈與知縣馬琠俱被害賊遂入城務追剪辮加宏勳為安遠將軍聚

衆十萬往攻台州路出樂清城守蘇慕代死之賊乃長驅攻下嵊縣天台仙居等城時　康親王奉命帶領旗兵討逆至杭州會議與貝子福喇塔分路征勦王由衢州救閩貝子救護台溫自錢塘江飛渡紹興進發一路轉戰而前所至克復賊乘夜拔營水陸南遁貝子自甲寅十一月至台經年底定台州乙卯八月初一日會養性從水路逃回溫郡獲江心寺僧體印夾帶楊春芳書一封卽將春芳及萬侯次子桂弁體印磔於市賊兵從陸路奔逃貝子兵追躡乘勝復樂淸用溫州府學生員夏聲字君周爲鄉導發兵從楠溪沿山至靑田渡江抵溫界賊由上塘抵禦貝子預於綠嶂地方之寶勝寺

軍以待佯退至綠嶂賊尾追中伏截殺賊首尾不相顧勢遂大潰養性聞報乃造水城石城掘濠河折民房爲久守計貝子仍由上塘枏溪間道而行又遣疑兵於下馮山作安營之狀以候賊之戰艘而大兵潛由溪口過平堰灘從白溪一路踰天長嶺直至郡西山屯營於君子峯上前軍屯扎萬丈平山貝子常到此直登山巔相度形勢視郡城瞭如指掌令各旗安營日夜用大礮攻城賊驚擾被傷者衆此皆生員夏聲計畫賊寇偵知遣細作捕捉夏聲多方躲避且幸各百姓保護僅得身免大兵屯駐日久貝子正圖進兵誆賊於康熙十五年丙辰二月十七夜用埋伏計於二三更時分潛師出三

角門水陸齊犯投火燒着各處營盤貝子傳令合兵一處迎擊分路勦殺山上火光冲天黑夜如晝貝子登高瞭望見賊掠奪各營所有就用誘敵令被燒下營移踞上營堅守險要各整鞍馬飽食俟令適時天明傳令兵馬齊出貝子親督大軍下山殺賊賊兵因無隊伍大敗尸橫遍野追至將軍橋灰橋等處扼其歸路賊不能過盡墮水中水爲不流斬首二萬餘活擒賊將無數養性墜馬浮水逃入郡城堅守不出茲役也總兵陳世凱巡道姚啟聖知府王國泰知縣鄧延俊等轉餉籌兵撫恤流離人心樂附至耿逆歸誠養性等俱於十月朔日薙髮回閩及滇閩平以反叛伏誅

遼海劉廷璣在園雜志

甲寅閩變浙東溫州總兵官祖某潛已通欵一日伏甲於資福山之大觀亭集衆官議餉巡道陳公丹赤永嘉令馬公瓃皆在坐逆鎮厲聲云兵餉不前士盡飢餒抄陳道家足以給餉有巡道夜不收郎夜捕手林莪者挺身前曰爾欲抄吾道主家豈非反耶遽扶陳公出逆鎮大喝曰小人何敢如此林曰吾小人心中惟知有道主道主心中惟知有朝廷不似爾等享高官厚祿早已順賊一心惟知有賊也逆鎮愈怒揮甲士寸磔之二公不屈皆遇害後邑人立祠祀兩公廡下設林莪像被皂服懔懔有生氣周聲炯記中所云此是我所親信

者隨我上山當即此人也

陳忠毅公傳　　杭州陳善扶雅氏撰

陳丹赤字獻之侯官人順治八年舉於鄉十七年授四川重慶府推官權重慶夔州知府時張獻忠初滅蜀東尚爲十三家所據征師四集丹赤籌糧餉以濟軍食復招流亡墾荒萊緩刑禁以蘇民困蜀平以最擢刑部主事丁內艱歸起補原官遷員外郎讞獄多平反監天津關稅不名一錢遷兵部郎中出爲浙江僉事分巡溫處道權按察使丹赤以溫州瀕海分巡無兵何以守康熙十三年三月入覲草封事請復標兵至山東會滇變作

詔天下入京官還守丹赤還東昌聞閩藩耿精忠反方食拔箸起曰溫州與閩接壤閩叛必首攻溫州溫州失全浙不可支矣即棄舟陸行兼程至維揚時自長江至錢塘戒嚴舟楫無敢夜行丹赤駕小舟四晝夜至杭州謁撫軍計事即馳赴溫州爲守禦計當是時平陽叛將司定猷通耿逆以兵逼瑞安副將楊春芳聲言往援實無鬬志海寇朱飛熊又乘間入內港鄉民爭提挈挽負入城守城者欲不納丹赤曰城以人爲固人以食爲命今民輩米粟入城是即吾兵食即吾儲豈宜納之與共守於是來者數萬人然賊已逼溫州副將楊春芳忽撤兵去人情洶懼城中官弁多通賊丹赤草檄告急於

提軍插飛羽日馳數十次而援師猶未至丹赤獨守南門誓與城存亡賊知之併力攻擊丹赤亦不避矢石以忠義激厲士卒皆感泣願死守先是總兵祖宏勳與賊通僞遣游擊馬文始協守實以窺丹赤意丹赤誓以身殉宏勳於是陳甲仗於城東大觀亭集文武官議事思以兵脅丹赤赤弗知也千總姚絡英知其謀諫勿往不聽既至見兵皆露刃夾階立坐定宏勳曰無兵無食將何以守丹赤曰提標前鋒巳集五千何謂無兵糧餉可給六月何謂無食宏勳曰無船奈何丹赤曰江上水師戰艦禦寇於下流民船迎援師於上流何患無船宏勳語塞賊黨出耿逆書誘獻城丹赤怒碎而投諸地曰

此豈可以汚吾目耶吾頭可斷城不可得也宏勛持丹赤手

復好語慰曰公獨不念骨肉墳墓在閩耶丹赤麾宏勛手曰

封疆之臣但知守死封疆不知其他宏勛知不可奪目千總

高魁持斧擁丹赤出赤指宏勛駡曰叛賊汝殺我

朝廷必寸磔汝兵刃交下而死時六月朔日也永嘉知縣馬

琠躍而起曰

國家養若輩反黨賊殺封疆大吏吾耻與若俱生駡不絕口

遂同遇害丹赤時年四十六事聞

詔三下議卹贈通政使蔭子一夔入監

賜祭葬謚忠毅三十五年

勅建雙忠祠於溫州祀丹赤及琊琊陜西人閩人復祀丹赤於道山三十八年一夔迎

駕於杭州

賜名垂青史額曰以旌爾父忠乾隆五十九年

詔殉難諸臣未予世職者給恩騎尉世襲大吏以丹赤四世孫登齡襲職登齡卒子駒襲

重建雙忠祠碑

商邱宋犖仲譔

雙忠祠者故奉

勅建以祀死節之臣溫處僉事陳公知永嘉縣事馬公者也

康熙十三年逆耿叛於閩勢張甚浙東西大震溫州首被圍

二公相與謀曰溫界閩越之交無溫是無閩浙也吾儕讀聖賢書誓以死守脫不濟義不苟活約旣定灑泣登陴帥士民晝守禦計甚備而總兵官祖宏勳者潛通賊爲內應佯以缺餉激怒其衆一軍甲而譟刼二公會議於郡之大觀亭二公大聲曰欲餉則與餉耳是何爲者又反復開諭以

國恩不可背負宏勳語塞氣奪恐衆心動益大怒時陳公方以扇指麾突以白刃橫擊手隨扇墜馬公瞋目大呼亟起捄賊賊從後揮刃中公頂流血被面公卽以首捽宏勳曰吾與若俱死矣俄羣賊蜂至遂同遇害至死罵不絕口時甲寅六月朔日也丙辰

王師定閩浙上其事
詔從優議贈䘏廕祭葬祠禮
賜陳公謚忠毅獨馬公格於階例不得予謚會康熙四十二
年
上南巡莅吳時馬公之子以叅議督糧吳會援陳公例以易
名之典上請得
俞旨賜謚忠勤又御書旌勞葵忱扁額俾揭祠首蓋異數也
先是雙忠之建地故湫隘又制𢾾樸庳陋而忠毅故有專祠
有司率詣此奉行故事以故茲祠享祀不虔風雨不戒隊剝
漫漶日漸就圮壞叅議君懼褻越

宸翰無以副
朝廷優渥至意乃謀所以新之而溫人聞命咸來言曰祠之
不飭吾儕小人之罪也於是慚怛交責踴躍輸委木石瓴甓
丹漆灰鐵之屬充牣峙積不鳩會而具乃名工師相方視阯
叶謀移搆於華蓋朴斵版築子來趨事凡三閱月而告竣爲
門爲廡爲堂爲宇峻整宏靚巘巘翼翼煥然改觀已乃揭
御書於前榮龍跳鳳翥金碧焜燿觀者無不愕眙震聳或仰
而嘆或俯而思歡呀喜慶未嘗覯升圭之日有司庶職咸在
卽事登降饋獻罔或不龔牲碩酒清禮備樂舉邦民和會謳
倪歌詠懿乎哉洵足以侈

上恩褒忠靈也既卒事參議公謁余載拜乞言鑱諸麗牲
之碑俾志其重建始末後得以考余夙欽二公之高節不敢
以不文辭竊惟古來之以雙忠稱者莫過於唐之張公巡許
公遠韓昌黎氏謂其守一城捍天下蔽遮江淮阻遏賊勢舉
唐天下之所以不亡咸歸功焉今溫全浙之門戶也首嬰逆
鋒旁邑竊竊觀望二公孱然儒生耳令其稍委蛇靦顏苟
活自餘必從風瓦解全浙之存亡未可知也惟其視死如飴
甘蹈白刃以身作忠義倡故聞風者爭自奮勵堅壁齮齕至
能保有浙西賊不得尺寸入以待
王師之戡定是則二公之功比於張許其又奚愧抑考張許

之在唐也奸邪之徒猶有異論而其時爲之上者雖事褒贈亦未有赫赫異數之加我
朝崇德報功待死事諸臣甚厚計甲寅距今三十餘年而恩施無已揆諸前代莫與比隆益上之待下與下之事上其可謂交至爾矣嗚呼何其盛哉按二公皆起家乙科陳公初司李於蜀課最入郎署旋以僉事出守馬公始任山左之昌樂有惠政補永嘉不數月而化大行其治續皆有可紀茲不著著其死事之大者陳公諱丹赤字獻之福建侯官人順治辛卯舉人由溫處道僉事贈通政使謚忠毅馬公諱琾字奏璋陝西武功人順治甲午舉人由永嘉縣知縣贈布政司參

政謚忠勤叅議公名逸姿字儁伯由廕生歷任今職有能名
受知於上將大用請額建祠忠勤於是有子例得附書乃系
以詩曰
惟清受命奠覆九區有艱其間爲貐爲貙盜熾八閩蹂躪漸
土蕞爾海疆門戶撐拄於鑠陳公持憲是邦揕胸碎首斃於
頑囟馬公罵賊髮指眦裂與城俱亡嚙齒喋血雙忠烈烈生
氣不磨
帝曰余恫贈卹有加死勤廟祀載在典禮靡不有初閱世而
祀烈烈雙忠久而彌赫載沛
殊恩

龍章用錫新祠斯作侈於舊觀柏版松楹寢成孔安葵藿之
傾太陽斯照惟
帝念哉是旌是勞璇題有爛如日正中照示來裔高廣有融
虔江之濱吹臺之址曾公信國鼎足焉峙有穹斯石鍥以銘
詩凡百有位敬而式之

重建雙忠祠記

陳遇春鏡帆撰

雙忠祠之廢興於今凡三矣雙忠者僉事陳公丹赤邑令馬
公琠也康熙十有三年遭耿逆變同日死義專定奉
詔建祠
御書雙忠祠額賜陳公謚忠毅馬公格於例未之及此祠之

初建也續馬公子名逸姿者由廕生歷任蘇松督糧糸議陳
情請謚得
賜忠勤並
賜旌勞葵忱四字糸議公復於其旁創一祠敬奉
宸翰前後三楹旁廊後閣望九峯屏列烟火萬家巍然大觀
此祠之再建也祠踞華蓋山頂當風雨之衝不久而堊者剥
堅者朽故廢壞尤易嘉慶十年雨堂黃公令永嘉有志興修
屢與余言擬先發祠內貯金三百葺之時大厦未傾圖功猶
簡旋以上游多公政聲調任錢塘事遂寢越九年九和希齋
黃公來權邑篆政暇登山詣祠大半傾圮神主暴風日中慨

歎者久之知忠毅公爲其鄉侯官人因與閩人寓甌者謀復其宇咸欣然從之屬余襄事余重黃公之舉不敢辭不數月工粗就希齋公調任平邑邑人士聞而樂輸無間乎閩人祠藉以成此三建之始末也初叅議公隨任永嘉年幼耿難作甌人襁而出渡江自焦山而梅磯而小京而寒埠入昆陽匿之潘氏昆陽地險山高人跡罕到乃得安然無事宜其不忍忘先人之於甌弃不能忘我甌之人也復置田百有十畝供祠之六祭與葺祠及守祠者需爲久遠計迄今百餘年矣祠廢而復興豈非二公之烈而叅議公之孝思不匱亦有以致之歟至二公之偉節

寵光宋牧仲尚書暨黃希齋邑侯所記在可無庸贅抑問忠勤公猶子名穎姿同時赴難未得上聞人亦希有知者余因雙忠祠廢興之由附記於此以補志乘之缺云

雙忠祠增建龜座記

武進謝蘭生撰

康熙十三年耿精忠據閩叛烽烟告警首及溫州蔓延台處諸郡溫處道僉事侯官陳公丹赤永嘉縣知縣武功馬公琭皆殉難初溫州之入寇也以甲寅二月聞變平陽游擊司定猷縛總兵蔡朝佐獻城斯時合郡官弁皆賊內應公以危急羽檄飛告提軍救援師竟不應嗣賊黨由耿逆書誘公獻城公碎書擲地登陴捍禦益力與馬公計死守總兵祖宏勳與

賊私通以六月朔日謀殺二公於大觀亭知府蔡兆豐馳獻
印信宏勳迎賊入城賊攻樂清樂協蘇慕代死之迫乎貝子
福王喇嗒督師莅浙掃蕩賊氛丙辰以事上
聞奉
諭從優議卹廕
賜陳公謚忠毅馬公例不得謚公子象恭議君逸姿於
皇帝南巡時援陳公例以易名之典上請
旨賜馬公謚忠勤
勅建雙忠祠於溫郡嘉慶六年奉
特旨賞給忠勤五世孫象南恩騎尉世襲罔替其同遇害之

巡道夜捕手林莪被賊寸磔死尤慘酷邑人祠祀兩公廡下以馬公家人張亦賓附焉福王平定諸郡厥功最巨甌人向於冷翠閣立祠祀之閣建於紹聖二年楊公濟百詠詩稱爲昔人游覽之所祠建於康熙十三年後被颶風傾圯置福王栗主於護國寺是在賢有司舉而行之耳巳酉冬蘭生奉溫叅軍之檄赴任後常與王樹棨學博朱長煦司訓論祠廟廢興適吳廷康二尹于役東甌偕登華蓋山謁雙忠祠見一小栗主書奉

旨優卹同殉難婭額姿神位詢之祠人云此永嘉馬縣主簿少君也栗主斜置大龕殊不合式因與署永嘉縣張鏡蓉明

府改換栗主於大殿旁增建龕座安置神位俾正名分而免混淆祠外作碑一律扶起請於觀察長白慶公廉太守覺羅常公恩僉稱曰善凡茲粗為經理雖係步武前人實足徵信來許今輯碑志傳記編為一册偕寅好並紳士登山詣祠復輯題詠若干首以記斯舉以備採擇云

謁雙忠祠記畧

道光己酉署參軍謝厚菴先生邀同人登華蓋山經理雙忠祠諸等亦同瞻謁祠內正殿大龕一座則陳忠毅馬忠勤二公栗主在焉其小栗主為忠勤公姪諱顯姿神位參軍增建龕座安置殿旁符體制也聯句云一代忠奸文武際二陵風

雨竹林間係厚菴所撰其正殿中懸名垂青史區額康熙三
十八年
賜浙江等處提刑按察使司分巡溫處道僉事殉難
贈通政使司通政使謚忠毅臣陳丹赤旁有署麗水縣訓導
臣陳遇春跋云
聖祖仁皇帝御書四字勒石於杭之西湖永嘉雙忠祠未有
也邑訓導朱美鏐得墨搨一紙示臣遇春因敬勒摹補懸堂
廡與
頒賜旌旁葵忱額後先輝映並昭千古又懸康熙四十二年
欽奉

宸翰旌勞葵忱區額

賜臣馬璟謚忠勤忠勤公姪浙江督學使者馬鑑於康熙四十一年懸額云邦家之光嘉慶十五年前永嘉縣黃元規有所題聯對云

聖世褒忠萬斯年祀典常昭日星同炳人心向義百餘載靈臯重煥山斗長瞻又道光甲申前永嘉縣滇南徐雲箋有所題額聯額云殺身成仁聯云節炳日星恨婢膝奴顏甘附賊中戍逆黨變生肘腋願剖心剡腹瀝陳几上祭雙忠又有馬忠勤公五世孫象南於道光甲申八月命其子廷績來溫祭謁敬懸額聯額云忠烈貽庥跋語曰先忠勤公於康熙壬子

宰永嘉甲寅遭耿逆之變與觀察陳公同時殉節疊荷
恩綸賜謚賜卹蔭盡異數也嘉慶六年奉
特旨賞給五世孫臣象南恩騎尉世襲罔替自以年衰路阻
展謁維艱爰遣子廷績自武功至溫郡拜奠祠下敬懸額聯
用誌曠典申追慕云聯云北闕鑒葵忱錫謚崇祠忠義並睢
陽立傳東甌留樾蔭悽霜愴露仰瞻在華蓋高峯又階下役
林莪僕張亦寶位二亦有一聯云叱寇捐軀豪氣昭垂百世
懷恩殉主英靈赫濯千秋所見如是援筆錄之
道光庚戌孟夏之月永嘉會諧謹誌

詠梅軒景忠錄

卷二

謝蘭生 晚季

弔陳觀察

瑞安胡濬

養兵十載竟如何臨難誰人荷一戈惟有三山陳副使孤忠
激烈壯山河

陳君秋坪出其高祖溫海道僉事忠毅公遺像見示爲
作長歌以贈之按陳忠毅公丹赤閩人陳秋坪先生登龍高祖潔芷林中丞淚跡續談載其師棒
暢園先生長歌
一篇即此是也

三山林茂春暢園

我　朝定鼎際初載版籍河山盡四塞碧海鯨鯢取次清羅
平妖鳥誰啚在恩波帶礪策殊勲炙手封藩勢絶倫桂宮自
闢銅龍寢芝之册親鐫鐵券文狠烽忽報閩南起吮血磨牙等
封豕東海梟毛預告妖三山魚爛愁難止憑陵殺氣亘中霄
豎子迎降翻見掐箭鋒直抵錢王墻門艦紛乘羅刹亂陳公
本是英雄士兩衖門庭左右倚鬚戟全因憤激張孤身不畏
流離死蠶屯蟻聚在邊封獨立支持恨不窮辛苦量沙憐道
濟艱難誓衆泣臧洪豈知扼虎雄謀壯叛魁已入軍符帳盗
鏑逢孫敵北門揮戈朱序臨淮上忠肝赤膽氣慨慷仗劍臨

我憤莫當睢陽甘向危城隕卞壼都因駡賊亡
天孤一日殲羣醜凶徒自獻藁街首勁節當邀延賞恩貞名
合並旂常壽至今後嗣襲餘芬遺像稜稜此日存烏衣本是
諸王後敝履誰知楚相孫故家遺物愁蕭索一領青衫甘落
洎題柱羞過司馬橋叨榮難上孫宏閣百年舊德尚如新振
奮終期此口身卧看雲霄盤健翮不愁滄海兀窮鱗

弔陳憲副馬邑令殉節

瑞安方思

正氣亘今古浩然塞蒼冥卓哉文信國丹心照洴青君恩[illegible]
不負勁節貫星斗孤忠曠世聞繫公可與友公本股肱儔

帝簡巡東甌下車未匝歲鼙鼓動隣州鯨浪乘風至薄城掠且肆叛賊愛身家內變謀相伺平日腰橫金忍焉懷二心反顏事讎敵白晝忽晦陰公心罔挫折滿腔血逾熱誓與城俱亡抗志凌霜雪永令有馬公丹衷日月同一身謀綱常爲臣義死忠睢陽稱雙烈後先堪頡頏豈曰成令名允矣完臣節我拜儀芳型我哭淚交零報君能若此堪爲臣子經忠義心所結英魂應不滅氣可作山河永把欃槍截爲讀正氣歌黯然聲悲咽

華蓋山弔雙忠祠

青田端木國瑚子彝

苔黎壁蒼山昏貍白日嘯不知誰代祠靈主自相弔碑年逦康熙雙忠字未褒副使陳丹赤知縣曰馬琠狂耿吞八閩甌土鯁其吭大帥祖宏勳叱開城門降副使勃然起大呼何敢反口開頭已飛電光迸兩眼知縣奮罵賊白刃挂其喉奴前併命死同死主與仇事定詔殊烈死地長祠祀祠祀百十年俎豆化蟲蟻荆棘縱復横魂魄棲芻薄常聞叱賊聲黑夜走瓦礫天地長清明山川還激昂甯使九土下魑魅笑忠良大聲吽帝閽誰者牧斯土哀哉奴子孫慺慺守風雨守祠即長公奴某之子孫

已酉仲冬邀湯果卿張鏡蓉兩明府王眉生朱竹筠二

廣文吳康甫三尹金簡菴巡政並紳士同登華蓋山謁
雙忠祠用閩人林暢園先生題陳忠毅公遺像韻感賦
一章藉徵題詠

武進謝蘭生

忠奸事實史筆載督師受命鎮邊塞福王奉命專征疆域一統歸大
淸跳粱小醜今安在旂常竹帛書奇勳功蓋寰區孰與倫御製碑文功德碑碑文今已訪求編入狂寇肇禍通武臣武不殺賊偏殺文陳馬二公被禍宏勳謀害耿逆負固據閩起奔突之勢勝封豕溫台處紹滋蔓延
羽檄連江飛不止薰天毒燄蔽雲霄逆書脅迫來相招誰知
狗彘甘從賊頭使降幡咽暮潮卓哉陳公眞志士鬚張髮指

立不倚灑泣登陴捍禦堅難毋苟免誓以死大命不負百里
封禦侮力竭恨莫窮寇鋒雖利何足畏常山罵賊聲彌洪日
星河嶽氣同壯英風怒號生虎帳予謚榮恩先後邀雙忠名
渺丹書上勅建雙忠祠在康熙三十五年陳公得謚三十三年馬公得謚四十二年報國捐軀志
慨慷求仁得仁仁克當當時舉扇指揮手隨落宏勳以白刃橫擊觀察手
麾扇瞋目大呼吾與若俱亡馬公搏賊賊揮刃中項遂遇害僕從義氣壓羣
共墜
覗甲士揮戈碎其首陳公役林義被賊寸磔馬公僕張亦寶同殉難栗主誰當附
極竹林高節貞珉壽馬公姪顯姿亦同殉難兩公家世守清芬題詠猶
傳遺像存碧血塵埋幾百載名德定有賢子孫我來弔古
蕭索折腰升斗嗟落泊景仰當前華蓋山巍峩不讓凌烟閣

聯輝繼美澤常新奕葉馨香報此身羞煞貪生忘義輩枉教
罪不蔽魚鱗

晉溫府參軍謝厚菴四兄以謁雙忠祠詩見示即次原
韻奉和

梁溪楊鑑寶三

皇朝丕基億萬載終古烽烟靖關壘褒忠自昔建雙忠崇祠
華蓋巍然在保障兩浙昭殊勲大節不奪誰匹倫一城曾作
江淮蔽合並張許垂韓支當時叛逆變忽起妄思薦食等封
豕巢甌濱海當其衝妖氛方熾戈難止陳公浩氣凌雲霄誓
死不受降旛招馬公同心力排鋒中流砥柱迴江潮瀰瀰登

隟斷軍士全省長城衆所倚外援不至賊内訌大觀亭上同
時死一死豈爲邀榮封未能殺賊恨不窮陳公麾賊手先斷
馬公罵賊聲何洪 [illegible]
王師定閩軍威壯欃槍掃除靜甲帳忠毅忠勤謚後先
君恩浩蕩來天上公之侍從亦慨慷英風豪氣八難當姪能
從叔僕殉主義不苟活身俱亡公生不能殲羣醜公澤猶留
惠黔首公心日月堪爭光公名山岳還同壽
龍章寵錫常流芬旌勞褒恤
宸翰存二公祀禮載典冊兩家世職傳雲孫叅軍攷古勤探
索網羅散佚愁飄泊作賦惟招屈子魂揮毫豈序滕王閣謁

祠經理碑重新屹立如睹不屈身忠靈烈烈有生氣永護岩
江遏逆鱗

偕謝厚菴諸君謁華蓋山雙忠祠

蒙化張銑竟容

有約城亡與共亡目前賊勢任披猖成仁取義憤而激爲國
忘家慨以慷馬公姪顯姿亦同死難
卹典有祠祥僕隸馬公家人張亦贊巡道差役林莪皆得與於祀武臣無面奉蒸嘗凡祭祀日營弁不至至今華蓋山頭烏猶自聲聲喚福王

偕謝厚菴諸君登華蓋山謁雙忠祠感賦二律

會稽王樹棨管生

謠聞火耳縣連兵誰議倉皇坐獻城鵞鸛無聲軍律渙虎狼得計袍胎成勢原難挽心猶壯身卽臨危氣自生將士驕横官吏懦孤臣千載幾留名

仁成義取二難并誓守巖疆志可明坏土同時埋碧血片言終古揭丹誠豈無僕侍甘隨殉終見妖氛奏蕩平華蓋郎令瞻仰處大觀亭宇並崢嶸

敬題雙忠祠

武原朱辰煦竹簃

略回

宸翰額雙忠華蓋崇祠

帝念隆一霎疾風成勁草千秋浩氣返蒼穹竹林仗節心無
二銀鹿捐軀志並同從祀於今昭典禮精靈長與鎮甌東
當年濺血表丹忱保障甌閩一力任直與許張同砥柱並懸
肝膽照江心徵文考獻名尤著取義成仁衆所欽祠宇肅瞻
基待擴期扶善譽盍朋簪

厚菴邀謁華蓋山雙忠祠

清苑湯成烈杲卿

耿逆據閩紛披猖文多忠勇武昧良兩公起家並科目一時
協力同保疆全浙門戶首溫郡毋使滋蔓豫爲防或以鉄
激衆怒伏甲挾刃專恃強誰其守者忘守土跪獻印信何

腸叛鎮狠毒勝蠡嶽陽旁陰噬謀潛藏持斧竟擁丹赤出罵
賊馬埒同遭傷僕役殉主姪殉叔亭前碧血流淋淚剛大之
氣塞宇宙天風吹骨土亦香儒生肝胆有如此武臣面目無
輝光
天恩高厚予贈襲
敕建祠宇爲表彰雙忠之名足千古
宸翰嘉美誠焜煌祠祀不遺親僕從殿旁階未宜周詳至今
華蓋山前路猶仰豐碑照夕陽
厚菴屬題雙忠祠
錢唐蔣成退菴

華蓋山勢高接天雙忠祠在山之巔浩然正氣薄雲漢歷今一百七十年我心嚮往慕景行作歌憑弔重流連自昔逆藩據閩叛螳臂當車矜猛悍紛紛掠地擾邊疆偪近東甌先被亂東甌兵力非不强可恨武臣多昧良不思捍寇轉召寇流言煽惑謀譸張偉哉巡道與大令擔荷綱常存至性城頭罵賊守禦堅不圖內變來鴟獍大觀亭畔碧血濺鬚髯戟張氣猶勁僕張亦賓役林兼延頸餐刀同畢命將軍旗鼓從天來妖氛迅掃無纖埃入告兩臣死國事

詔從優卹須欽哉子孫襲爵世罔替建祠予祭

恩廣推易名之典先後錫寵爾姓氏書雲臺吁嗟乎我聞事

君當致身彼貳心者猶是人胡以
王朝之命士而甘俯首屈膝爲賊臣不過偷生旦夕旋受戮
何如二公殺身以成仁維持天地之大倫吁嗟乎忠毅可以
昜有官忠勤可以勵守土仰此巍峩華蓋山雙忠大名自千
古

偕謝厚菴諸君登華蓋山謁雙忠祠感賦四律

大興金居敬簡菴

雙忠昭代有祠堂生氣猶存百鍊剛恨獻銅符招寇入誓揮
鐵騎與城亡二難偉業如山立萬古流聲並水長今日登階
敬瞻謁滿庭春草尚餘香

大觀亭上忽陳兵禍變誰知肘腋生露布不容傳列郡降幡旋已樹孤城手隨扇落猶伸指頭與刀飛始絕聲武矜交從亦愚甚忠奸千載自分明

王事惟應盡鞠躬拔肝願効補天功妻孥並置塵埃外名節爭留宇宙中（原句甌江門戶關全浙聖世安危賴二公）僕隸尚知當殉義寅僚何以竟忘忠相逢地下應羞悔遺臭流芳迥不同

大敵當前視等閒碎書怒擲詈羣奸捐糜何惜身先死靈爽終教地復還一代旂常纔張許千秋俎豆共江山成仁取義都無愧君子人與伯仲間

雙忠祠懷古

大倉趙嘉梁竹渠

閩南烽火熾觀察死封疆臣豈身家愛兵難肘腋防招魂風亦慘埋骨土猶香華蓋瞻祠宇山高更水長

令尹常山舌丹心日月懸憤同江水逝節著竹林賢僕亦同時殞軀先為國捐大觀亭畔路碧血泯何年

雙忠祠弔陳忠毅馬忠勤

武進謝昌霖雨亭

巍巍華蓋接蒼穹頂禮焚香瞻謁同慷慨一心持寸鐵艱貞千古鑑雙忠旄頭星熖謀潛起畫角雲昏賊內訌僕役亡身皆殉主竹林勵節並清風朝聞夕死緣明道倖免偷生未反

躬宇宙多情留簡策山亭遺臭是羆熊 褒題知遇
恩原重歌詠流傳興不窮仰止英標薦蘋藻綱常大義振頑
聾

謁雙忠祠

永嘉曾塏曼琴

張許徇封疆睢陽並俎豆死地予以祠國典由來舊八閩掃
欃槍甌土罹兵寇志誓保孤城縣令與憲副閫帥倒厥戈脅
降不爲守兩公奮而起忿激大聲詬叛卒勢匈匈霜刃夾其
脰劈斫氣益彊頭斷身不仆頸血灑蒼穹風雲慘白晝隆隆
華蓋山昔年有遺構丹碧暗雕甍莓苔漬石甃風肅雲旗飄

月黑靈車走同時赴難奴恍惚尙左右摳衣仰前楹再拜酹清酎忠義流芬芳國賊有餘臭

謝厚菴諸君邀謁雙忠祠

蘭山密雲路得軒

戰守均非叛鎮志缺餉激怒逞詐僞兩公百折心不回爲國捐軀識大義潛謀通賊祖宏勛目視高魁魁會意副憲擄遭斧鑕傷頭與刀飛不仆地駡賊又殞馬試功同時殉者有[illegible]待賊膽方張肆無忌謀殺二公等兒戲寸磔何待朝廷刑饒命驚呼老爺至（副憲遇害高魁忽然跌倒大呼陳大老爺饒命七孔流血而死）嗚呼公之生時嚴武備死爲鬼雄表奇異旌忠

宸翰內府賜忠毅忠勤先後諡

勅建雙忠瞻古寺忠巳顯矣良亦遂忠奸事實人能記焚香

追憶當時事

大觀亭弔陳馬二公

大興金贇勛午橋

大觀亭上風蕭蕭伏兵利刃各在腰觀察一言激賊怒手猶揮扇頭飛刃亭下殺聲亂雲起將軍以下皆賊矣縣令倉卒無計施以首擊賊賊不死兩公奴隸林與張大呼逆鎮胡披猖義氣沖天身寸磔黃沙不掩白骨香可笑當時蔡太守獻城納印忘其醜天兵頃刻蕩妖氛霜鋒殺賊如屠狗雙忠祠

字神赫然公等義烈千秋傳跳梁鼠輩今何在惟見甌江清
且寒、

敬題雙忠祠

海鹽朱葵之耒梅

吳逆首亂耿逆從逆書煽逆逆鎮通大觀會議以兵脅山亭
殺氣漫虛空縞衣使者今元龍從以令尹馬扶風旁列小校
疑司弓趨而走者一短僮議兵議餉逆亂窮誘以好語恩牢
籠盧龍之塞誰敢賣毀書詈賊何從容以扇指揮遭反攻臚
隨扇墮如斷蓬令尹急起捽逆胸陰刃剚血流階紅有筵衛
之頑厥躬偬役殉死從同同高官厚祿甘背主蠹茲厮養皆

英雄太守獻印可憐蟲豈竟陷荆棘中兩公浩氣成長虹

逆鎮從逆終罹凶駢首西市天道公宏勳後反正竟以黨逆伏法

聖朝祀典何優崇

賜祠

賜謚褒雙忠巳年展謁嗟匆匆乙巳捧檄赴甌會偕從子彥山過祠瞻仰今詩補

題傳郵筒海潮夜上聲隆隆尚驚鼙震來甌東

謁雙忠祠

永嘉陳榮振子向

叛逆肆鴟張蔓延禍閩浙甌土當其衝孤城嗟兀臲是時勢

內訌陰謀互援結弁帥背國恩與賊密關說會議發狂言反

顏叱同列挺節惟二公錚錚心鑄鐵爲降愕不從大義陳激烈可碎相如頭任斷杲卿舌城亡與俱亡血濺區刀熱捲地天風來妖氣坐消滅褒卹及誅夷賢奸顯分別桓桓昭忠祠巍巍臨嵩嶼殉難一家人祀及奴與姪俎豆四時升馨香百代閱弔古起悲風捫苔讀殘碣

華蓋山雙忠祠

甘肅吳恩權蓮原

唐代祠雙忠許公睢陽公江淮藉遮蔽昌黎偉其功我朝耿逆亂八閩勢離叛甌郡據咽喉關鍵東南半何來祖宏勳爲衆煽逆氣違者手刃之頃刻身首分壯哉陳巡道舉袂

奮誅討叛黨羣肆凶腕斷身不倒罵賊馬邑侯同心誓同讎
一時雙就義凄慘天地愁事聞
帝震怒迅掃凱音布忠毅與忠勤嘉謚叨異數作廟山之陽
卜吉歸神鄉旌勞奕忱額懸諸祠中堂兩家襲世職罔替
聖恩特陳隸並馬僕道署差役林崴馬僕入張亦賓附祀理亦得一百四十
年此祠三變遷閩人頌忠毅長歌衆口傳吾省馬忠勤未入
詩人筆景仰鄉前輩遺跡欲徵實同官謝參軍搜輯諸詩文
鐫刻揚氣節輝煌擴見聞峩峩華蓋山表表兩賢事功業媲
許張千古光青史
華蓋山雙忠祠祀陳忠毅馬忠勤二公同時殉難有馬

公瘞及僕役等厚菴叅軍爲分別附祀殿旁階末徵詩

紀事

新城楊炳子萱

赫赫雙忠國史憑千秋廟祀肅嘗烝同心義烈憐厮養攜手幽明快友朋華蓋風雲猶叱咤叅軍筆墨共崚嶒慚予四載銅符綰逸事搜羅暇未能

弔雙忠祠

江陰繆步瀛雲士

風江臺賊如飄蓬天狗墮地垂妖星降幡竟從石頭出議戰議守伊誰聽觀察報國明大義丹心不以務挾貳叛鎮異謀

起殺機揮刃擊落扇隨劈大令罵賊常山同殺賊不死恨莫窮陳公遇害馬公共忠毅忠勤相伯仲親隨甘殉節亦堅義聲合並千秋傳吁嗟乎巍巍華蓋高接天赫赫祠宇山之巔凛凛生氣香案前煌煌褒勅康熙年芳臭永垂靑史編我來弔古心鬱然

雙忠祠弔陳僉憲馬邑侯及隨殉諸人並感貝子福王事

梁溪楊敬承慕廬

叛鎮懷異謀名冠入東甌一朝殺二公降幡出石頭　僉憲碎賊書白刃斷其手但知死封疆不學蔡太守　烈烈馬武

功叱賊如叱狗常山一寸舌此乃出其右　當年親僕從同殉大觀亭及今二百載義聲有遺響　名垂青史燦雖勞鑒獎恤宸翰詔賜陳馬二公　先後相頡頏見者起敬心　華益何崔嵬怒濤驚奔雷淒風蕭寺冷碧血埋塵埃　貝子登山巔瞭賊如指掌營屯君子峯頂刻寇氛蕩　天弧妖烏盡事定國法彰峩峩祠堂碑功德記福王

題雙忠祠

餘姚謝祖荃漁橋

君不見鐘烟噴薄東山麓甌江劫運驚飛鏃滔天逆勢勾結成僞將軍與僞都督卓哉陳馬兩藎臣大觀亭上身遭戮同

時罹害有官奴殉難兼聞姪與僕雙忠事紀二百年兀如華
蓋高峯矗吁嗟乎古今節烈青史多兹乃同室先操戈秀實
急用司農印信國徒傳正氣歌十八洞天望祠宇於今修葺
重撫摩郡乘千載標金石穹碑百尺森蚪蝌忠魂耿耿鎮斗
口直與飛霞之嶺江心之波長垂宇宙同不磨

謁雙忠祠

永嘉陳錦霞晴峯

耿藩負固擾閩越笳聲動地鼓聲竭僉憲入
覲甫下車議戰議守計倉卒叛鎮通賊畜異謀齊降露刃使
悍卒特有永令馬武功同心協力氣鬱勃二公誓死保封疆

不隨賊臣草間活成仁就義盡厥職僕役忘身敢拒賊茲乃
死國從死主報主之義同報國吁嗟乎兆豐獻印惟偷生宏
勲迎賊竟入城綵協巳死樂城覆溫台處郡如破竹僞都督
與僞將軍到處盡戕蛇虎族
王師薄伐來縣江貝子討逆能安邦平山萬丈登絕頂賊勢
窮蹙悉羅鼎四境欣聞鐃吹歌雙忠
勅建祠之阿故老猶能述遺事俯仰憑弔感慨多
署溫府參軍謝厚菴經理雙忠祠余適值郡伯幕中數
題短句三章藉申景仰
陽湖史錫琳硯畦

閩越當年抱戰壘大觀亭上弔忠臣封疆一死均無愧愧煞
迎降獻印人
褒忠祠建翠微岑一樣　宸題璽此心江海潮從山下過怒
濤常作斬鯨音
山亭寂寂草芊芊荒塚殘碑古寺前景仰雙忠凡幾輩後先
題詠姓名聯

謁華蓋山雙忠祠

永嘉沈式琳璞人

降賊紛紛者城門忽洞開莫教甘蹙屈相與戴頭來殉難忠
貞在捐軀僕隸陪時危猶議守同上大觀臺

仗節此心同靈昭疊海東直撓諸寇賊不愧兩英雄虞[illegible]
毛潔翹瞻廟貌崇巍巍華蓋上　賜謚表雙忠

華蓋山弔雙忠祠

永嘉沈拱宸紫卿

巍奕千秋不朽名高峯華蓋竝崢嶸抵排叛鎮危身殉保障
全甌苦口爭張許忠[illegible]光史册乾坤正氣付歌行亭前碧血
交流處凛凛英風護鹿城

何物妖氣起海濤障雲四合氣蕭森交推罵賊常山舌不負
干城守土心僕隸從旁偕效死忠貞到底共輸忱長松五粒
環祠宇猶子名標在竹林

題雙忠祠

仁和葉諧小湖

豨突鴟張勢東甌早被兵爪牙威敢肆肘腋禍先成義有同
心協名堪一死爭空山祠宇在千古式忠貞
守土皆臣分朝伸慷慨詞如何專閫寄偏爾樹降旗僕隸身
甘殉賢奸事可知太平鄉國舊俎豆重追思

厚菴四兄以謁華蓋山雙忠祠詩屬和錄請教正

秀水金衍宗岱峯

我
朝龍興天所與爲明復仇掃殘虜殷頑梗化立驅除何
況庸奴特首鼠逆藩煽亂半東南欲抗天兵控全楚閩中一

夂壞長城謂范忠貞嶺外連朝傷伏莽謂傅忠烈馬文毅苦吟畫壁冉詩

豪忠貞與慕友嵇留山作畫壁吟飲泣深閨勤書譜文毅著彙草辨疑激揚顧姬以正書釋

骨肉氣輿臺喋血同時殉君父閩粵從死者俱數十八東甌形勝亦巖

疆由閩入浙此門戶二公慷慨方登陴陳忠毅馬忠勤反噬無端飽

豺虎目栽忠毅役林莪曰寶忠勤僕張亦寶曰頲姿姪忠勤各奮空拳膏賊

斧九重震悼褒䘏崇寵錫旂常馨鼎俎么麿跋扈能幾何

駢首藁街固其所泰山鴻毛死則同忠佞到頭吁可覩參軍

昔日曾從軍義憤塡胸氣未吐竭來海表瞻名山敢以杞憂

告守土闖幽不獨快旌忠思患何嘗忘禦侮哀榮著錄見深

衷厚菴裒輯爲景忠錄義取春秋非小補試訪神仙舊洞天大書忠〻

新祠宇厚菴增建鑄像惜無聚鐵鑄凶頑羅跪堦前飾神恭君不見
祿山之變有許遠睢陽之叛有孫許奸雄膽冷奚足誅天佑
雙忠壽千古

庚戌仲秋餘承厚菴先生過訪攜示景忠錄勉作長句
聊述鄙懷
杭州錢景唐古坤

病廢數載羈我躬遇事每[illegible][illegible]如[illegible][illegible]壯志消磨豪氣減[illegible][illegible]
惡石誰能攻快哉高軒[illegible][illegible][illegible]笑猶坐春風中示[illegible]刻
景忠錄展閱[illegible]爽生英風[illegible][illegible][illegible]欷聲讀目眥上[illegible][illegible]塡
胸髯鬚忠毅忠勤排[illegible][illegible][illegible][illegible][illegible]首[illegible]道耿逆變起及[illegible]越

當其衝東南門戶關全浙議戰議守橙猶充何圖叛鎮滔天
逆禍生倉猝成內訌露以白刃示威脅煽以甘語加牢籠熊
虓兩公志不屈資福山前浴血紅猶子死叔奴死主同時畢
命皆英雄時平議恤加殊典煌煌
天語褒贊忠華蓋山頭祠宇高馨香俎豆千年崇參軍下車
躬最謁搜討志乘窮初終增建神龕輯歌咏碑碣剔盡莓苔
封徵文考獻儒官事讓君高誼凌蒼穹我來岳成百無事一
心私淑梅溪公（王梅溪公諱十朋謚忠文紹興擢進士第一朱晦翁推其文章經濟爲宋一人宜與南軒東萊信國文公從祀文廟）天人學貫延道統方之信國原同工升祔兩廡
饗特豚誰歟上事徹

九重茲恨力孱少同志此事耿耿懸孤衷望君縮符蒞茲土
相從修舉焉辭慵郎今捧誦卷中句已覺病骨全蘇融杜甫
詩陳琳檄愈風愈瘧將毋同三彭二豎辟易遠遁追無蹤

敬題雙忠

錢塘何駿望敏夫

陣雲漠漠海邊生鼙鼓烽烟四野驚愧煞迎降勤獻印相謀
同志好堅城逆書擲地言何壯浩氣凌霄命亦輕如此忠貞
眞不數千秋史册足留名
跳梁小醜豈功成依舊妖氛奏蕩平禦敵果能憑氣節守城
何必藉刀兵羽書告警援偏緩霜刄頻加志不更華葢山前

風雨夕郎今猶有怒濤聲

偶於梁一峯明府處閱王漁洋香祖筆記二卷內載馬

忠勤公子參議公奏疏一篇蘭生郎補刊於後

江南蘓松糧儲道參議馬逸姿疏言　臣父琛原任永嘉縣知縣康熙十三年值逆藩耿精忠之變與溫處道　臣陳丹赤恪守臣節同時殉難荷蒙

皇恩矜恤屢下

溫綸從優議叙贈　臣父浙江布政使司參議蔭一子入監發

賜葬祭康熙三十六年撫臣疏請於溫州府建雙忠祠復蒙

俞允先是三十五年丹赤蒙

特恩賜謚三十八年
皇上南巡幸浙丹赤子湖州府知府一夔恭迎
聖駕復荷 軫念
御書匾額懸之雙忠祠榮被萬世臣父璟殉難與丹赤同時
賜祠又復同祀仰懇
皇上破格一體 賜謚賜額昭垂萬世云云
禮部議覆奉
旨馬璟着與謚旌
賜謚忠勤並 頒
御書旌勞獎忱額

華蓋山謁雙忠祠

永嘉樊學傑竺泉

耿逆鴟張甌海東兩公臨難氣何雄封疆身殉知無恨僕役

銘恩亦效忠大節自同華蓋峙芳名長並鹿城崇相鄰祠宇

爭輝映前有文公後卓公

（清）戴兆祚撰

邑侯于公政績紀略 一卷

虞陽説苑甲編本

邑侯于公政績紀略 據舊鈔本校

戴兆祚著

余母舅嘗謂余曰人不論老幼而才則性生于公（一本有年少入仕四字）操縱駕馭當機立斷眞有不可及者新官將到任例有通候書與掌印官諭單諭衙役掌印者起批使衙役遠接頭批則兵房吏房二批工房三批禮（一本有刑二字）房以次而去時兵吏乃蔡大麻子名某字浣初前（一本有任字）李知縣之用人也有才而橫舞文弄法尤與運丁相熟其名甚震蔡領頭批直至揚州（定例凡接新官俱至維揚一本無定例二字）不得新官消息至二批三批俱至仍復杳然或云前日有人在埠頭雇（原作寫似誤）船往蘇州去云是新官于姓於是羣往埠頭詢確乃返棹至蘇於閶門接見問蔡云你是蔡某麼對云是便冷笑云好聞名久矣本縣今日賞你

三十箇大板子杖過諭衆云本縣見過撫臺還要上淮見總漕你衆人某（原作每）日在縣界伺候不必遠接衆竊疑之凡新官到任之後方謁上司此何獨先見撫臺又要見漕臺識者已知其注意於漕事矣及上任後次日晝卯呼蔡浣初諭曰我知你是李知縣的用人在衙門裏無所不爲我前日已責過了你須改過自新幫我做官你有未完開呈明白我爲你逐年料理我坐堂理事有不懂處你不妨告我衙門裏事不要你管倘再作弊從前作過的事一并（二字一本作一一并案）治罪不要想好死蔡稽顙乞哀從此小心服役不敢一毫苟且至放兌之時悍弁刀旂故以米色爲辭百般擲揹蔡與數年往還挺身與之折辨始得開斛官兌之成渠亦有力焉運米兌足後兩倉（二字一作倉中）餘米無慮萬石蓋粮戶方脫民兌之苦即斛面淋尖每石不過五六升

視之直粒勺耳收書方滋事(一本無此二字)慮禍及折乾等弊不敢爲亦不暇爲故其贏餘獨如此之多公總計所餘米約若干(一本無此四字)分惠東西兩衙次及漕書(一本作計無下二字)收書次會夫斛手西北高區逃亡死絶者十之四五漕折無從徵辦前官則着親戚鄰里受累者無算公一切爲之塡解蔡麻子未完開呈八百餘金是冬卽與之完六百金公之恩威施於人者如此人安得不投誠致死哉而謂尙敢作惡乎蓋公操縱之才有大過人者固不由幕賓內司敎導力也

撫軍差官有黑王者貪橫無狀向係坐差常邑其至縣也鋪遞先報該吏必預備公館肩輿種種供應若到碼頭縣官必出迎接一如上司按臨稍不如意則鎖提隸卒及經承吏至寓弔打官吏皆畏之如虎每年必來四次每次必住半月或二十餘日約費四百餘金一年

則幾幾乎二千金矣此項豈出之官吏囊橐乎皆民之脂膏也汙公抵任已前知其惡一日鋪遞來報公叱之曰是不過差人豈撫院親至而如此驚惶乎且俟其進城來說及聞其進城時已昏黑公方坐堂比粮明燭輝煌遽麾書吏使去曰無爲所虐止留兩隸左右侍燈火隨熄回顧庫吏尚站煖閣之下曰汝不畏黑王乎何尚在此對曰老爺坐堂下吏例應伺候公曰好汝知禮法且請到庫中坐坐使之入加以封鎖（庫吏即余母舅聶立泉諱淸時外家鼎盛三峯四峯俱官京師母舅亦因避錢粮累入衙門蓋當時書吏可以少避追呼大家子弟入衙門者紛紛不獨余母舅一人也若作粮道吏書幷可以庇一族　一本無不獨下八字）而黑王至矣黑王至衙門外寂無一人怪之至二門意謂有人相接亦寂然大慍不得已闖至堂上止見一官二隸因故問曰知縣何在公怒應曰我便是縣官誰敢呼索王曰吾乃撫院大老爺（一本無此三字）差官王某公

下座與之一揖曰聞名久矣到此何事曰奉差提某項錢粮公曰且請到寓所明日備文回覆王曰差官到此例有公寓公曰此事余知之久矣但余窮官也止飲琴川一杯水不似前任知縣能科派百姓委曲將順以奉公差王曰折總庫吏何在公曰聞汝至俱懼而逃矣獨知縣無可避處故暗中坐此王曰差官亦無可去處但諸人可去庫吏不應離庫使開我看公大怒曰朝廷庫藏自有職掌誰敢擅開縣官雖卑乃是朝廷命官公差雖悍不過憲轅走卒何敢於法堂放肆你說沒處去飯鋪裏不是你安身的去處麼黑王見公辭嚴義正垂首喪氣而退次日公乃發帖延至內堂款以便飯餉以十二金幷付回文黑王辭金回文亦不受必欲揹撤折總到轅面覆公曰余固已知之已具舟南關外矣知縣自去回覆不更勝於折總耶黑王乃

初園丁氏校印

無可奈何而去從此絕跡不來矣只此一人公能制之省民間無數煩費省衙門無數周折公之才何如耶（一本無公之才下六字）所以公之歿不獨民思之吏亦思之也（黑王句一本不另行）

黑王去後三日余母舅（三字一作庫吏）倘坐庫中不敢請公啓封公亦若忘之者又二日不得已挽同事者代稟公又故爲不應一時皆莫解其故七八（一本無八字）日後始命啓焉呼而謂之曰爾在庫（一本有中字）清閒否不然費爾幾許青蚨矣蓋公平日知余母舅（三字一作其）好博塞之戲（一本無此三字）故固閉之以相戲眞慈愛中寓敎誡意也其風雅有如此者

國初最重逃人逃人旂丁逃避四方者也一丁緝獲必牽連一二十家甚則五六十人（一作家）所獲之家固傾家而蕩產矣其經過之處或不過一飧或止留一宿必逐日追究明白又必牽連地方四鄰故獲

解逃人必有無數無辜者受其累凡地方（一本無獲解下十七字）獲逃人先解典史錄供然後解縣縣官視逃人如長上不敢稍加呵叱唯嚴訊株連之人夾者夾拶者拶監禁者監禁逃人亦暫寄監養之惟恐不至蠹吏獄卒更導之扳害殷實有家者於中攫取貨財逃人高坐獄中而破家者不知其幾矣公到任不及二月典史解逃人至公已知之故問曰因甚事有許多人曰解逃人公曰逃人不過一人何用這許多人爲曰緝獲逃人例應宿家地方鄰里一齊錄解公呼諸人略問數語便皆發放該吏跪稟曰逃人新例至重萬一上司根究緝獲之所卑吏將何辭以對老爺亦有干係決不可輕放公笑曰獃奴才本縣自有道理若上司問緝獲之所只說在街坊上捉的罷了何用張皇因麾衆人令去指逃人罵曰爲你這一個奴才連累這許多人你

心安否你不知我家大（一本無此二字）老爺是旃主麽你雖不是我家本旃我少不得寄信大老爺知會你主子處死你這奴才命獄卒且牽去獄中嚴禁我即日備文解去退衙遣家丁入獄慰之曰汝聽我老爺之言到上司去勿扳害地方賞汝路費并衣服鋪蓋等物不使汝凍餒再寄信與大老爺與你主（一本有子字）討饒不然即如昨日分付汝死無日矣公備文解府備陳地方窮苦不堪連累向來爲一逃人傾動數十家雞犬不寧殊可哀憫幸少寬假各憲以其眞切更不深究逃人亦無異詞自是每獲逃人大都如此旁縣聞之皆取法焉其澤不惟沛於本縣并及於他州縣矣何其溥哉（其澤下十九字一本作澤何溥哉）

邑有兩生一姓繆字永明一姓陸字若士若士父字孺（一作儒下同）初皆世家子本相好密友平日（本相下七字一本作平日相好）忘形爾汝酷好戲謔一日

總改猾初爲茹蒻若士爲若兒以諢之以（一本無此二字）其父子平日人（一本無此三字）呼爲大牛老牛也而若士答之改永明爲擁明謂其擁戴明朝不忘故主各形於紙筆茹蒻若兒不失爲雅諢若擁明則虐而無理矣況當時功令森嚴不可使聞於人（不可下六字一本作乎）永明恐禍及首告於官使遇昏墨如前李令則陸之家立破而事更不可知矣公則但移儒學拘二生而命該房吏立備申文通詳六案陸聞之大駭徧求闔邑紳庶（一作衿）齊到寅賓館說明此事公不聽又求通學秀才遞公呈哀懇又不聽但申文則綴出矣刻期庭訊傳集教官并公呈諸生先喚諸生諭之曰此謀反大逆非同小可諸兄擅動公呈似亦輕舉妄動能保後日果無累乎諸生齊言實係戲言並無他意諸生願以百口保之公曰然但諸生須具保呈畫花押然後足據諸生如言乃

喚永明謂之曰陸某改你表字陷你擁戴故明你首告不差理應反坐但陸某之字你前日鈔粘者不足信須據眞跡方可問罪繆呈陸手筆然後喚陸責之曰你做秀才不通文理怎麼以謀叛爲戲陷害（原無害字）好朋友陸叩首乞哀乃付字與認曰是你眞跡否陸曰是公卽就燭焚之永明上前與爭而已焚矣諭曰陸秀才不過沒忖量一時戲言實無他意難道通學作保你信不過本縣如今爲你立案解釋責陸秀才以懲其妄你事畢矣若留此數字反爲蛇足你如何不明道理況此係（原無係字）你先戲他亦該自認不是揖致官曰陸生狂妄應笞任老師處分致官傳門斗就幾閣旁杖十下原被俱畫供諸生叩謝而散而陸之大禍解矣公初備文欲詳及不聽紳衿之請故難其事以駭之不過欲其知儆及錄供焚字要諸生保呈則所以爲陸者

至矣蓋不如是不足以定案而杜後日之釁端也

公一日坐堂理事正當秋暑一少年白紗衫手挽白團扇科頭跣足旁立而笑公見其人不俗暗使隸拿至堂上故作怒態欲重懲之少年叩頭乞免自言讀書識字公更怒曰讀書人不去讀書乃科跣到法堂看審事耶先取其扇縶其手足令跪於鼓架下昏黑之中曰待我問事畢發落至夜公將退堂取扇判曰放讀書人去付隸還之其人兩膝俱碎更爲蚊蟲所苦頭面皆發腫從此閉戶讀書一年後便得進學蓋公見其人委係士子故激之使自勵耳

公到任後凡可以恤民省事者用意極其周至凡民間迎神賽會搭臺演戲無不一切禁絕至酗酒賭博更不必言矣獨迎春一事必極整齊先曉示閭里小民終歲勤苦奉公守法不可無一日之樂且迎

春乃國家大典先當着意諸凡典鋪百工技藝之人視其業之大小酌其費之多寡或裝臺閣或紮香亭或花亭[一本無此三字]或馬隊或步行皆演一故事衣服鮮華裝扮奇巧其餘獵戶梨園隨其本色下至妓女亦豔裝騎馬作和番出塞之狀人無不趨蹌恐後蓋所費無幾假如米鋪錢鋪各任一臺閣所費不過三四金而[一本作其餘]衆擎易舉每家出錢百文而其費[一本無此三字]已足臺閣如此餘可知矣[一本無臺閣下八字]立春前三日公至李王宮演春各舁所製來看不當意則使另改亦甘之如飴至迎春日傾城婦女大小叢集出觀遊玩公乘軒徧行通衢左右顧盼人皆以風流大尹目之蓋亦百日之蜡一日之澤[百日下八字一本作百日蜡一日息之意]也若城隍廟點燈唱戲則又嚴禁竟公任四年邑中絕無燈棚燈影[一本無此二字]蓋看燈每至生事常熱俗薄無論大家小戶每

至燈節婦女皆濃妝豔服翠珥金珠燦爛迷目名爲走月意在看燈城隍廟尤爲藏垢納污之所諸無賴惡少成羣結隊終夜喧鬨有一婦女入廟便圍繞聚觀至摘簪珥釵釧淫褻無所不至諸婦女受辱歸或其夫覘知強者毆詈弱者（覘知下八字一本作重則打罵輕則）嬉笑詆有含羞自縊者於是有（一本無此四字）以人命告者其禍之烈如此公預知其故故其禁尤嚴與其治之於有事之後不若弭之於無事之先也（一本無與其下十九字）

公一日他出時雨後途逕輿夫偶失足幾至傾跌公處之自若及回衙後坐堂大怒呼輿夫而罪之命隸用夾棍其人叩首丐命又云要拶復呼號求免公怒故未解也復抽籤要杖其人汗下沾衣丐免如前（其人下十字一本作又丐命如初）公笑曰饒你這奴才你駭了本縣一次我駭你幾（一作三）次遂叱退之其雅趣大率如此

蘇州府屬七縣一州五縣皆行淮鹽獨崑常太行浙鹽淮賤而浙貴常熟東北近海西南與常州諸縣接壤皆鹽徒出沒之所故各鄉鎮設立鹽快駕船巡緝私鹽受工食於商人統其事於捕衙鹽快所利者私鹽大夥少則四五百斤多至幾千斤緝得則受賄賣放而以其少者塞責此通弊也公稔知之有人自郡中歸帶食鹽四五十斤爲鹽快緝獲解捕衙錄供申堂問遣新例夾帶滿三十七八斤者方謂之私鹽否則謂之食鹽公先喚鹽犯略問已知其詳即時放去然後問鹽快曰他從那裏帶來你在那裏獲的有多少斤數答曰他從府中帶歸實若干斤小人在某處獲的公曰常熟不是蘇州管的麽總是一府何名私鹽鹽快曰長吳與本縣有淮浙之分已是越界此人所帶已過五十斤例應拿解公大怒曰這箇難道我不曉得我知你

這班奴才多者得錢賣放而以少者塞責你說五十且把鹽秤准公已授意衙役輩在西脚門搠破鹽包轉進東脚門先漏去十餘斤傳取牙秤一秤則不滿三十斤矣於是向商人曰（例有商人伺候）這奴才害小民欺本縣先賞他三十箇板子此後我爲衆商客限他一月拿三起鹽犯沒有便提此鹽快受杖商人致謝而出從此鹽不百斤不敢拿矣各鄉小民越界買鹽四五十斤者皆得安寧此亦所以長養窮黎也（一本無此則）

公初歿停喪署中諸紳衿爲之經理喪事先子與焉時（某年七歲）一日先子挈往署中觀諸喪事亦欲小子知廉吏之得人心也（一本無先子下三十三字）日晚一老嫗攜一小童約六七歲左手提冥鏹數百束隨後一村僕挈蔬四碗酒一壺飯一盂陳設几筵叩頭無數擗踊號慟絕而

復甦既焚楮奠酒又叩頭無數悲慟如初人問曰嫗何以哀傷若此嫗流涕如雨告曰老寡婦西鄉（一作郊）著姓先夫亦身列黌宮年荒家貧逋粮不能償爲李知縣所辱忿恨而死遺累吾子吾子長矣娶妻兩年此兒纔生亦遭李知縣鞭撻鄉城窵遠披風帶雪忍飢耐寒又常受杖不一年亦死指其孫曰其母無以守遺之再醮獨存祖孫二人老寡婦受辱者屢矣使恩爺遲到半年此一具老骨頭朽腐久矣此哇哇者誰爲撫養至今乎今得苟延一脈卒小子攜一盂（原作杯）麥飯澆奠先夫荒壠皆吾恩爺賜也而恩爺死矣痛胡忍言說畢又悲咽欲絕內衙遣家丁勞之問其姓氏不告而去

公訃至京公兒諱宗韓乘程而至謀所以歸計以路途遙遠從水則有風波之險從陸則勢必載柩以車又有顛簸之虞擇日將行喪至

北郊火化而挈公骨以歸百姓聞之大慟曰吾父母也奈何欲火吾父母乎至其日五更先有人塞北城門萬姓號慟聲徹九天士民哀懇宗韓臥轍挽留宗韓不許時喪在道將近北關萬姓搶攘昇轉權厝於今之祠中時某因某事公洗刷其寃感恩最深獨力買民房改造祠宇而未落成也衆因此就之宗韓曰承諸父老挽亡弟之柩不容火化不知將來作何計較衆對曰願留葬虞山宗韓曰近例凡八旂人丁客死者無論現任官軍不許營葬所住地方某不得違例奈何衆泣告曰行將奔控督撫請疏具題聖明在上應順民心而破舊格桐鄉朱邑可法也宗韓泣謝曰亡弟何幸諸父老愛戴若是果請於巡撫慕天顔題准士民相度西山某字圩之地而葬公焉大署其碑曰萬民留葬

邑侯于公伏枕中文 附 據別本補錄

于公宗堯年十九歲以父蔭除常熟縣本聖賢之骨爲神明之吏
抑貪横而矜全良善鋤强梗而伸雪寃慼雖老吏弗及不幸蒞事
四載膺疾不起臨終遺牒以申上官不啻一字一淚恭錄於左
申爲國恩未報憲德未酬伏枕哀號叩錫矜全施澤存殁事某枌榆
陋質幼叨父蔭於康熙七年四月二十日到任歷今四載愼守官箴
從無踰越賦性孱懦又兼煩劇之區催科寡效撫字無能遂致積勞
成疾於本年三月間忽生癰毒潰流不止然不敢遽以病告者將留
此身上報皇恩而副憲栽耳詎今日漸沈重有不禁哀鳴者某遞年
錢粮因軍餉孔殷止有移緩就急並無絲毫侵欺遞年刑名爲地方
凋敝悉皆化有爲無並無錙銖點染惟是受事以來不徇情面不用

吏胥祛蠹必嚴除惡務盡而吳下刁風凡遇卸事之官輒受脅迫或棍徒媒孽其短長或胥役乘機而舞弄前事之鑒眞可寒心某生平自維夢魂無愧獨痛年甫二十三父母俱亡有妻無子胞兄遠在京旂男婦凡百餘口未知置身何地言之淒絕伏乞憲臺大沛澤枯之仁慈賚示嚴檄飭行署官使煢煢孤嫠得守候交盤其一應任內錢粮冊籍仍着各經承徹底清造毋致某身後朦蔽生奸家室免於流離則白骨生肉生不能犬馬死亦効銜結矣

于公佚著 附輯補

奉旨官免誓辭

維我神明虞山正直俎豆千秋萬民永利靡吉不昌靡汚不棄宗堯小子初承下吏擊目窮簷憂心如醉撫字未遑催科是事各逋並徵

洪濤荐至十室九空一笞千淚時値秋成漕儲維備升米斗糧形癯骨瘁胥吏成虺旂丁作魅罔念民艱谿塡壑遂告我同官冰玉勿二毋養蠶而奸毋容旂而肆毋幕夜而投毋衾影而愧一文勿棄立遭斧鉞之誅一魚勿懸旋累子孫之祟有酒盈尊陳牲載器予所否者惟神是視原作記疑誤

歸氏女審單

竊得夫婦爲人倫之首貞靜乃婦道之先至於才能詠絮色可羞花雖與關雎荇菜同日而語若才而帘之色而衒之反不如嫫毋爲佳夫何淸白世裔有不肖如歸筠洲者不能肅整家規反縱妹遊冶招提遂至流言騰沸壁上一題竟來詩扇之投夢緣二劇更有虎丘之泛固無其事實繁有口矣脫使姻盟王氏箝口韜穎名敎不幾掃地

乎此王其昌伯氏王清臣風化攸關之控所由來也而歸士璘等不能禮責筠洲反誣清臣造謗省聘獨不思荆釵一股聘也明珠十斛售也聘則爲妻售則爲妾令筠洲之欲聘耶售耶妻耶妾耶寧不捫心自愧耶所可幸者書生怯膽於重賂妬婦假口於大義使趙璧如故天緣猶在耳庭鞫之下煩言絮語概付春波本縣捐俸四十金助其昌納吉早完花燭庶掃盡浮雲永圓明月也噫祇恐生公慧眼笑于令之假聾耳姑薄杖筠洲以致警餘從寬政俱免擬

供詞

供得奴家幼育名閨長嫺書史重重深院靜鎖懷春十數年寂寂芳蹤學賦悲秋千百首敢誇林下之風豈遜閨中之秀禍因踏青南陌遂來蝶浪蜂狂隨喜東禪適遇鸞儔燕侶有太倉王生者才

同曹子貌似何郎賦琴既挑傳得伊心寄流水投梭未拒漫將予
佩作江皐託侍婢以通情藉女郎而中約臨風和韻頓成紅葉之
媒對月調絃永作銅鞮之好繫絲蘿於蕭寺兩易春秋綰錦帶於
西廂一經寒暑猶恐歡娛未久離別有時致王生泛范蠡之舟而
賤妾踵西施之跡將向五湖縹渺雲雨常行誰知七鳥飄流風波
頓起楊子价造成口劍唇刀王子彥織就羅鉗吉網白面書生已
作虬髯歸海國紅顏女子漫爲吒利刼章臺命之不辰夫復何恨
願效重瞳之配伏劍君前甘作季倫之姬捐身樓下幸遇天臺秉
燃犀之照水怪露形奮樊樹之靈山精破腦楊賊已伏厥辜王生
宜成其美憶昔洗眉卓氏服縞素而就相如漢王弗罪紅拂張姝
着紫衣而歸李靖楊帥無追古有是事今亦宜然伏乞天臺作主

將奴斷配王生庶使潘安無恙還誇擲果之車賈氏多情永遂偸
香之願拯弱質於苦海勝造七級浮圖消怨恨於淸時益息五蘊
困毒罪該萬死恩高天下泣血披陳所供是實

朱蔭龍編

陳榕門先生年譜一卷

陳榕門先生遺書本

陳榕門先生年譜

清康熙三十五年丙子（公元一六九六年）・先生一歲・

先生姓陳氏・諱弘謀・字汝咨・宅前有老榕蟠枝如門・因號榕門・是歲九月十五日（一六九六年十月十日）午時・生於廣西省臨桂縣西鄉橫山村故宅・

父韞璧公・諱奇玉・時年四十一歲・

母劉太夫人・同邑西鄉池頭村瑚東人・時年三十九歲・

兄容庵公・諱弘誠・字汝和・生於康熙十四年乙卯（一六七五）・卒於乾隆二十九年甲申（一七六四）・長先生二十二歲・時方入縣學・先生所作伯兄容庵傳略有云・伯兄於康熙丙子年補弟子員・是年余始生・及長而就學・皆伯兄督課之・是知先生一生成就・多由容庵公早年陶育而來・其功殊不可沒・故詳於此・

康熙三十九年庚辰（一七〇〇）・先生五歲・

始受學於容庵公・按培遠堂文集伯兄容庵傳略云・先大夫性喜讀書・延名師課子・不遺餘力・則先生童稚之年・在家由長兄教學外・當亦兼從外傅也・

十一月・弟怡亭公生・公諱弘識・字汝定・後先生十年（乾隆三十八年癸巳）卒・年七十四・

康熙四十八年己丑（一七〇九）・先生十四歲・

春・與楊夫人成婚・外舅名家英・初見先生・深加愛重・嘗語人曰・陳氏子氣度端凝・必成大器・遂以長女字之・時先生方十二齡耳・至是始婚・

康熙四十九年庚寅（一七一〇）。先生十五歲・

子鍾珂生・按先生凡誕四子・皆不育・鍾珂為容庵公第五子・字鳴遠・號蘇園・乾隆辛酉舉人・官至江西督糧道・先是先生少時・日者卜其得子遲・故至三十二歲時・即以兄子為嗣・

康熙五十年辛卯（一七一一）・先生十六歲。

初應縣試不售・容庵公應鄉試亦落解・韞璧公期子心切・頗以為憂・先生歸里後・精勤自矢・與兄研讀・不問昕夕・伯兄容庵傳略所云・寒窗苦攻・互相砥礪・其勤苦蓋可想知焉・是時家境奇窘・時虞不給・韞璧公勉力支持・不令輟讀・先生益自感奮・鍵戶潛修・足不逾閾者四稔・學乃大進・

康熙五十三年甲子（一七一四）・先生十九歲・

從學於楊靜庵先生・靜庵名家脩・先生妻父越千公之弟也・學履誠篤・誨人不倦・先生執贄從游・業日精進・培遠堂文集楊賀夫內兄六十壽序紀其事云・公愛余特甚・以遠大相期・令受業於公之弟靜庵先生・爾時賀夫兄弟皆同學・怡怡然有兄弟之好・

康熙五十四年乙未（一七一五）・先生二十歲・

歲試・中式第四名・入臨桂縣學・補邑庠生・

康熙五十五年丙申（一七一六）先生二十一歲。

科試一等第五名。補廩膳生。秋應鄉試不錄。是時家況愈窘。幾至輟學。韞璧公籌措經營。用心兼苦。培遠堂文集亡姪鐘璠哀詞云。時伯兄與吾。一衿株守。汝弟四人俱幼。食指三十餘。薄田數十畝。僱佃耕作。所入不足以給。吾父一生勤劬。躬自經營。必不使吾輩涉及田功。荒其學業。

康熙五十八年己亥（一七一九）。先生二十四歲。

從同邑朱惕庵先生游。惕庵立朝不苟。譽著一時。時方解組回里。韞璧公命先生往謁。並請命之以字。惕庵因字先生爲汝咨。

七月。長女生。後適維揚謝溶生。乾隆十六年（一七五一）卒。

康熙五十九年庚子（一七二〇）。先生二十五歲。

肄業擎華書院。時山長爲朱惕庵先生。以經世之學。啓牖後進。先生從游後。益致力實學。好與人談論天下大事。有譏其秀才不應爾者。輒曰。吾生平不肯作自了漢。擎華書院遺址卽今臨桂縣八桂鎭國民學校。舊名宣成書院。建於宋景定間。原爲紀念宋代大儒張栻呂祖謙而設。南軒駐節桂州有年。東萊則誕生斯土。並皆有功南服。德被萬世。因卽合其謚號以名之（張謚宣呂謚成）。先生攻讀其間。仰止高風。彌篤蹈履。其後治事論政。惟重實踐。不尙空談。又好勸人讀史。刊刻乙部諸書。不遺餘力。其學於東萊爲近。與空言心性者殊科。殆基於此也。

康熙六十年辛丑（一七二一）。先生二十六歲。

歲試一等第一名。時岷山徐省庵先生（名樹屏）督學廣西。極重先生。每試輒列前茅。又為之延譽。遂有名鄉黨間。先生嘗言。生平知遇之感。篤於三庵。蓋謂楊靜庵。朱惕庵。徐省庵也。培遠堂文集有徐省庵先生七十壽序。於交識始末。言之綦詳。

初與葛揩書先生訂交。培遠堂文集送葛揩書先生序云。辛丑春。余應諸生試。以文字受知於學使玉山徐公。得晤葛君揩書於學署。試席接談。遂訂知己。揩書名正笏。岷山人。徐省庵之甥。學識弘通。尤篤風誼。時年三十二歲。（據先文恭公年譜葛序。後署乾隆丙戌年七十有八。）嗣後與先生相處數十年。自出守揚州之時。迄於協辦閣務。無日不從。先生輯五種遺規多得其助。又助編湖南通志。蓋先生學術事功上最得力之僚友也。

八月。二女生。後適全州蔣本廉、乾隆十一年（一七四六）卒。

康熙六十一年壬寅（一七二二）先生二十七歲。

讀書臨桂城西之西山寺。刻苦自勵。律身嚴謹。嘗作自箴十則云。謹言語以寡過。節飲食以尊生。省嗜好以養心。耐煩勞以盡職。慎喜怒以平氣。戒矜張以集事。絕戲謔以敦體。崇退讓以和衆。慎然諾以全信。減耗費以惜福。皆克省之要道也。培遠堂文集語錄有云。莫作心上過不去之事。莫萌事上行不去之心、斯乎無咎；必為世上不可少之人。必為世人不能做之事。庶非虛生。此余為諸生時題書室語。至今思之。負愧良多。知之非艱。行之維艱。敢不勉旃。又云。學問須看勝似我者。境遇須看不如我者。昔年愛此二語。書之座間。嗣是三十餘年。益覺道理精當。無所不包。亦確乎不可移易。倘境遇看勝似我者。則怨尤忮求。無所不至；學問看不如我者。則驕傲怠惰。亦無所不至。學術人品事功。出乎此則入乎彼。以此爲人鬼關頭也可。是皆先生晚年追記此時之言。足徵悟道之深。後段尤親切有味。

雍正元年癸卯（一七二三）。先生二十八歲。

二月。應恩科鄉試。中式第一名。主考爲四川朱景先先生（名曙蓀）。副主考爲滿州德楦村先生（名齡）。秋。得同邑劉新翰資助。北上會試。八月。連捷。中式第一百八名。殿試。中式三甲第九名。成進士。

先生會試。出桐城張文和公廷玉門。榜後往謁。卽以遠大相許。先生請題堂額。爲書培遠二字。嗣後先生著述。輒冠培遠堂名。蓋以紀念師門也。

先生入京。拮据萬狀。賴德檀村先生之助。寄寓其家。始克安心赴試。德母遇先生尤厚。培遠堂文集德太夫人九十壽序云。宏謀自癸卯春受知於夫子（按指德齡）遠方下士。襆被至京。拜賚政公暨太夫人於堂下。卽令下榻前廳。每詣寢門問起居。則命之前。蓄以諸孫之列。飲食必周。冷暖必視。數年如一日也。

清初科試之制。新進士須九卿密舉。方與館選。先生藉少宰王沛憻薦。得改翰林院庶吉士。

雍正二年甲辰（一七二四）。先生二十九歲。

九月散館。受職翰林院檢討。

雍正三年乙巳（一七二五）。先生三十歲。

充一統志纂修官。入直武英殿。

雍正四年丙午（一七二六）。先生三十一歲。

充順天鄉試同考官。改授吏部郎中。是時世宗（胤禎）御極未久。廷臣黨見猶存。慮不盡爲己用。特於翰苑詞臣中。擢拔幹才。分部習用。以備重任。先生時在選中。有勸其辭弗就者。先生不聽。桐城張文和公時掌樞機聞之喜曰。陳君才可大用。吾正惜其沉淪詞垣中耳。因命先生掌驗封司郎中事。並理文選考功兩司。先生每日赴署。詳閱案牘。未竟。則攜歸私寓鐙下繙閱。務悉其事之端委。又留心國家掌故。周諮博訪。暝寫晨抄。曾不少暇。

雍正七年己酉（一七二九）。先生三十四歲。

補授浙江道監察御史。七月充山西鄉試副考官。試竣。補授江南揚州府知府。仍帶御史銜。具摺言事。十一月。抵揚州視事。是爲先生受命外任之始。揚俗奢侈。豪商奸胥。骫法舞文。時號難治。先生涖任之初。有謂太守猶似書生。恐不勝此繁劇者。先生笑曰。正惟書生本來面目不可失耳。因力倡文教。期返純樸。時人服其遠大。

雍正八年庚戌（一七三〇）。先生三十五歲。

先生在揚。鑒於江防廢弛。危機潛伏。疏陳修造戰船。整頓標營。以備操防。又請疏濬城河。增置大艦。延王己山主講安定書院。公暇。親與諸生論學。楊開鼎曾一濟程埼皆當時所得士也。

八月。遣人回里。迎韞璧公暨劉太夫人就養任所。

雍正九年辛亥(一七三一)。先生三十六歲。

正月。韞璧公卒於揚州府署。年七十七歲。先生請回籍終喪。撫軍尹文端公繼善。以要地需人。奏令在任守制。四月。補授江南驛鹽道。先生具摺奏謝。世宗硃批云。好竭力勉爲之。恩不可常恃。少放縱自肆。寵不可永期。莫謂朕始終不一也。賴朕不如自倚。凡百對天問己而行。自無有虞之患矣。感恩於今日。朕不取。但能異日不怨朕。乃朕之望汝者。敬慎二字。時刻不可釋諸懷。誌之。

六月。署理江寧布政使事。

雍正十年壬子(一七三二)。先生三十七歲。

二月。劉太夫人卒於江寧布政使署。年七十五歲。先生仍在任守制。四月。卸布政使事。回驛鹽道任。八月請假回里。弟怡亭公前歲侍親同來。至是奉靈櫬先行。先生十月始抵臨桂。經營喪葬。十二月。合葬於縣西樂嘉村之原。

先生自癸卯北上。及今十載。始返故里。時鄉民困於苛暴。抑不能伸。粤西去中朝甚遠。官吏爲所欲爲。無復忌憚。先生起自田間。洞悉民瘼。歸里後又目擊其弊。卽以解懸拯溺爲己任。創設義學。振修水利。地方興革諸大端。次第舉辦。人感其德。繼又秉承父志。修理橫山水堰。培遠堂文集有重修橫山大堰記。

雍正十二年癸丑(一七三三)。先生三十八歲。

二月。補授雲南布政使。先生營葬畢。正擬回江南任所。適奉新命。卽於三月起程。由南寧入滇。時廣西巡撫金鉷。以墾荒爲名。暗增田賦總額。農民受累至深。先生在籍。備察其隱。因上疏指陳。直斥其非。金鉷出於鄂爾泰之門。鄂頗右之。事不得直。然先生爲鄉人請命。終始不屈。一再力爭。後雖緣此左遷。亦不稍顧。

四月。抵雲南布政司任。滇省時値兵燹之後。民生凋弊。瘡痍滿目。先生涖任之初。撫養衛教。專務安輯。凡庶政之擾民者次第剔革。如糧運身差等項。俱手定新章。釐清積弊。

雍正十二年甲寅（一七三四）。先生三十九歲。

滇省庶政清理就緒。先生乃專力於義學之興辦。又嘗設書院。檄取各邑才智之士。入院肄業。詳定館課。不得專事詞章。兼試經濟諸科。以弘造詣。滇中學風。楊升庵而後。至此又復大振。

先生在滇舉辦之義學與今日之小學性質相似。其力求教育普及之見解。與夫推行之力。當時實罕其儔。培遠堂文集有全滇義學彙記序一文。足以窺知先生對於教育之意見。其論義學之重要云。古之教者。家有塾。黨有庠。術有序。國有學。良以化民成俗。必由於學。而術序國學之外。又爲家塾黨庠以分教之。俾幼者就近以學。秀者以漸而升。天下少不學之人。無不學之地。此所以化行俗美而人才起也。近世義學。彷彿黨之有庠。考績者必及焉。亦以見化導之在所急。而古義之猶有存焉者也。然吾以爲邊土之義學。視中土爲急。而鄉村夷寨之義學。較城市尤急。邊土貧瘠。力能延師者寡。至於鄉村夷寨。刀耕火種。力食不暇。何有詩書。無惑乎椎魯難移。禮義不講。卽有可造之才。亦委棄於荆蓁草莽中。重可惜也。此段所論。凡今日之邊疆教育問題。特種部族教育問題。先生於二百年前卽注意及之。化之道。卽施行義務教育。亦卽先生所謂義學也。在滇四年。共辦新舊義學六百五十餘所。規模之弘大。眼光之遠到。實足震爍一世。序中關於義學之組織。及當時籌劃情形。詳記無遺。足供治教育史者之參攷。末段言及夷族教育。見解之精。更非其同時人所能夢矣。文云。說者以夷猓狡猂。今之識字。適足長奸。似義學於夷地不宜。嗟乎。吾聞忠信以爲甲冑。禮義以爲干櫓。以詩書起衅。未之前聞。若夫粗識文義。挾詐行私。內地之人。亦所不免。豈得因噎而廢食乎。此惑一世誣民充塞仁義之言。不可不辨。

十月。長孫蘭森生。蘭森字長筠。號松山。乾隆二十二年進士。官至江西布政使。

雍正十三年乙卯（一七三五）。先生四十歲。

先生涖滇三年。政教並行。化成俗美。至是又刊刻書籍。頒發學宮。俾向學之士得以深造。全滇義學彙記序云。滇少書籍。士子購買不易。復爲捐貲刷印御纂經書古文。並刊刻孝經小學近思錄大學衍義等書。分發各館。以爲誦讀之資。先生德澤之被於滇者。可謂深廣矣。所刻諸書。咸作序一通。冠於卷首。或考源流。或述門徑。指示初學。不厭求詳。至今號爲善本焉。茲將先生重刻各書。除御纂御批之類不計外。略列如左。

（一）孝經。

（二）小學。

(三)小學纂註附童蒙須知。(培遠堂文集重刊小學纂註序云。梁溪顧右卿先生掌教五華書院。出篋中所撍紫超高君所輯小學纂註以示余。余讀之。愛其詮解明備。考校無訛。尤便初學。因重爲刊板。附以童蒙須知。頒之通省學塾。)

(四)近思錄集解。

(五)大學衍義輯要。(真氏原書四十三卷。删存六卷。)

(六)大學衍義補輯要。(丘氏原書一百六十卷。删存十二卷。)

(七)四禮。(培遠堂文集重刊四禮序。謂朱子折衷古今。損益羣籍。著家禮一書。瓊山丘氏因其文衍爲儀節。海內通行久矣。萬曆中。商邱宋栗菴省其繁重。爲四禮初稿。大要不失朱子本意云云。朱子通禮。司馬氏居家雜儀。並婦人拜考證。亦附刊於後。)

(八)四禮翼。(培遠堂文集重刊四禮翼跋。謂明呂叔簡先生四禮翼。吾師高安先生以爲可與六經並存。於撫浙時。梓行其書。傳誦通都。而邊末獨少。余來滇中校刊四禮之後。復梓此本。)

(九)孝經註解。(按此書從通志堂經解中輯出。詳見培遠堂文集原書跋語。)

(十)三通序目。(輯錄杜鄭馬三氏書之序目合刻而成。)

(十一)正史約。(培遠堂文集重訂正史約序云。公餘取顧端屏先生正史約稍爲增訂梓之。先生之季。風裁凜凜。所建白都關體要。惜未施行。已而致命遂志。垂光天壤。平生抱負。

奄有史氏三長・所約一軌於正・真史學之津梁・藝林之要學也・按此書顧錫疇原題綱鑑正史約・先生刪爲三十六卷・改名增訂正史約・）

（十二）呂子節錄・（此書爲明呂叔簡之語錄・先生偶遊書市・從故紙堆中得之・爲擇要刊行・卽今之呻吟語也・）

（十三）參訂古文詳解評註・（見廣西通志輯要卷二藝文類・目下注云・陳弘謀撰・八卷・今存・此書未見傳本・先生文集中亦無紀載・何時編成・不能確考・度爲居滇課士之作・故系於此・）

先生所刻各書・多爲性理要籍・蓋當時學風如此・惟先生思想・則不屑自囿於道學之範疇中・嘗云・人看道字・似另有一物・如古董玩器之類・不日自某傳之於某・則曰爲某嫡派・無非從字句迹象上講究是古是今・絕不於人情物理上講究是真是假・道字看不真・則論文不過皮相耳・糟粕耳・（培遠堂手札節要與友人書・）體大思精・與拘迂陋儒不可同日語也・先生爲學・力斥空談・惟務實踐・故於史學最所究心・常勸人讀史・課士時經史並重・曾於重訂史約序中・暢論其旨・茲不具引・刻正史約時・曾據薛方山之甲子會紀・萬季野之紀元彙考二書・手編甲子紀元一卷・冠諸卷首・其致力史學之勤・可以概見矣・

八月・世宗崩・高宗嗣位・諭旨滇中・慰勉有加・

乾隆元年丙辰（一七三六）・先生四十一歲。

興修雲南各屬水利・清查藉墾荒為名歷年揑報之田地。將冒加之賦稅題請開除。

七月・再疏密陳粵西借墾報捐之大弊。略云。現在臨桂各縣及慶遠鬱林等處。揑墾報捐之田。不下二十餘萬畝・其實並未墾成一畝・撫臣金鉷以報部之田無着。復藉丈量恐嚇責比・計圖百姓報出欺隱・以抵揑墾之田・今復令其自行開除・勢必不能・祇此舊地・重納新糧。實恐民力難支・逋逃不免・其言可謂痛切・奏上・仍無豁免之望・金鉷聚歛益力・先生情切桑梓・憂悴之情・見于辭色焉・

乾隆二年丁巳（一七三七）・先生四十二歲・

為滇省各郡義學・籌措經常費・增置田產・清理積穀・並倡導同官公捐俸銀・以成其事・先生手定章程・刊行義學彙記一書・俾垂久遠・全滇義學・至是達七百餘所。苗猓夷族・得其啓迪・風化一開・

九月・再疏奏粵西借墾報捐・增賦病民之弊・並力劾金鉷・詞情激切・不稍寬假・清制禁止現任官吏干涉原籍地方政事。疏上・高宗震怒・下旨切責・有云。汝為粵人・卽汝言盡實・而從之。猶啓鄉紳挾持干政之漸。況未必盡實乎。殊屬冒昧之至。尋交部議處。降三級調用・先生為鄉民請命・與金鉷力爭・至於左遷而不悔・正義凜然・高宗雖加以責罰・然亦未嘗不重其人・故於詔下之後・卽派粵撫楊超曾來桂查辦・經奏明新墾實田無多・始將揑報之新賦豁免・金鉷及私派增賦各員・降革如律・此為廣西田賦史上一大事・至今八桂人民・猶感先生之德不置也・

冬。奉檄調京候命。

乾隆三年戊午（一七三八）。先生四十三歲。

正月。由雲南啓程入都。離省之日。人民空市出送。士子攀轅挽留。苗猓諸夷。畢集郵亭。有感激至於泣下者。二月。抵京。引見。隨補授天津分巡河道。涖任之後。專心河務。嘗考古今所言水利諸書。驗之今近情形。多不甚合。乃擇諳防日久經驗豐富之河兵。實地訪求。凡河工利弊。水勢起落。隄防險夷。俱得要領。每遇汛期。早夜親涖河干。卽海濡僻地。人所不常到之處。皆輕騎減從。親爲履勘。因地制宜。悉心訪治。嘗曰。治河非空言可了。老河兵卽吾師也。

五月。捐置北京廣西會館。整頓天津河間兩府義學。並舉辦育黎堂及各慈善事業。

乾隆四年己未（一七三九）。先生四十四歲。

督修近河暗險工程。修建捷地石閘。宣洩天津河間二府積水。並挑河築堤。議疏老黃河故道。

十月次子鍾瑛生。小字和。瑛爲先生親生長子。六歲卽殤。

輯刊養正遺規二卷。先生以子弟入學。宜端蒙養。乃輯前人教導童蒙之言爲此書。復作序列諸卷首。暢言兒童教育之重要。刻天津府志縣志。有序。並載培遠堂文集。對於方志之批評。頗多卓見。

乾隆五年庚申（一七四〇）。先生四十五歲。

四月。補授江蘇按察使。江蘇爲財富之區。習俗囂薄。每一涉訟。多請託干謁之事。一案完結。屆者惟咎營求不善。直者羣羨經寶靈通。馴至無是非之可言。先生夙知其弊。視事之始。卽出示嚴禁。又以蘇省訟多。豪紳黠吏。任意魚肉。寃抑載道。故每値秋讞。務重平反。不以嚴刻爲尙。時獄政積弊甚多。先生一一淸除之。又請於朝發給罪囚衣服。淸制獄犯無一定之囚服。有之。自先生之奏請始。此亦法曹掌故之一也。

先生極惡賭博。視爲淫盜之媒。居滇時屢加誡諭。至蘇後。更嚴其禁。凡鬬蟋蟀鵪鶉等。一概禁止。禁賭諭示中有警句云。世有一賭卽犯罪者。斷無慣賭不犯罪者。詞義剴切。發人深省。

乾隆六年辛酉（一七四一）。先生四十六歲。

七月。補授江西布政使。

先生任蘇臬年餘。淸理積案。不下數千。且時催所屬。速淸歷案。嘗云。州縣耐一刻之煩勞。百姓受無窮之利賴。雖有司未必人人實心奉行。而一官蒞守。則一縣可無寃民。一縣中審明一二事。則一二家已無寃事。積而漸多。風俗身家。默受其益。

九月。抵江西會垣。甫接藩司印信。翌日。卽拜甘肅巡撫之命。未成行。又調任江西巡撫。十月。涖江西巡撫任視事。刻宋儒司馬光全集。並手撰年譜一卷。附之編後。先生論學。惟以一誠字貫徹首尾。蓋實有得於溫公之學者。其序文正公傳家集有云。古今人才力難以强同。而中心之誠。可以自勉。公生平事業。皆從誠字流出。足徵其服膺之誠。刻集之意。蓋亦猶是云。

乾隆七年壬戌（一七四二）。先生四十七歲。

贛省自兪兆岳濬任巡撫以來。因循苟率。政務廢弛。高宗特簡用先生。以資整飭。先生起家詞臣。

至是始膺方面之寄。洎任後。綜覈名實。興革利弊。局象爲之一新。善政甚多。不勝枚舉。其遺惠
流傳最久者。厥爲南昌羅絲港之石隄。與左蠡朱磯口之石閘。工程浩大。規模宏備。贛民至今猶利
賴之。整頓豫章書院。延聘名師。增置學田。檄各邑考送子弟入內肄業。並爲定學約十則。一。立
志向。二。明義利。三。宜誠敬。四。敦實行。五。培仁心。六。嚴克治。七。重師友。八。立課
程。九。讀經史。十。正文體。並附儀節十條於後。刊刻頒示。公暇常至講堂與諸生共論立身行己
之大。文章性命之精。課文親自評選甲乙。每出一題。必爲題解。闡發詳盡。足啓初學之思路。其
後任楚秦閩粤時。率皆如此。歷年既久。積稿甚多。至七十五歲時。並其僚友所作。彙刻爲課士直
解七卷。前四卷解論語題。次二卷解大學中庸題。末二卷解論策各題。卷首有葛揩書先生序。謂先
生家課子姪。或閱書院諸生文。有不能盡得題理者。必爲反覆推明爲直解。大約以程朱爲宗。間有
先儒所未發。而闡明必歸於體要。或爲舊說同異。而條辨必歸於至中。使書義虛神實理。諳當不易
・旁推交通。纖毫無憾而後已。是則此書雖爲科試程文啓蒙之作。然用力亦可謂劬至矣。
三月。挨兄弟來贛。先生天性篤至。自幼受長兄之教。友于之誼尤殷。至是聚首一堂。惠恭有加。
諸姪隨來者。咸自課督之。九月。容庵公怡亭公挈眷回桂。先生捐俸若干。擇地橫山。創建陳氏宗
祠。並捐置祀田祭器。酌定儀注。設立祠正。復刊家訓十二則並祠規於祠。又憫族人貧乏者多。置
義田若干畝。分別耕種養贍不得轉賣。族人德之。欲修族譜未成。又修橫山村道。以利行旅。置本
村社倉。以惠鄉人。桑梓之社會事業。次第興舉。其良規善制。至今咸沾其惠。

輯教女遺規三卷。訓俗遺規五卷。養正遺規續篇亦告編成。秋冬間次第刊印。分發各屬學庠。以資化導。重刻呻吟語。嘗示其子曰。此是作人樣子。每日再三熟玩。治己治人之道。畢備於此矣。

乾隆八年癸亥（一七四三）。先生四十八歲。

修建豐城等十六縣城牆。督促民工。深浚厚築。又責成全省興辦保甲。贛省匪風素熾。至是民得安枕。

疏請飭禁種蔫。按蔫。亦作菸。即淡巴菰也。雍正時付申禁令。日久廢弛。先生特請飭令產菸地區。所有田地不得再事種植。疏上報可。諭令全國通禁。

輯刊在官法戒錄二卷。分發在官胥吏。以資教誡。清代以科第取士。一第之後。即膺民社之寄。故當時所謂官者。太半昧於治道。一切實權。皆操於胥吏之手。而爲胥吏者。又多出身寒微。世代相襲。因緣成奸。根深蒂固。實爲政治上之大蠹。先生從政多年。深知其弊。本有教無類之旨。特錄故史中可資法戒之事。纂成此書。冀此輩能激發天良。遷善改過。其心良苦。先生嘗言。民生休戚。時政隆污。全視馭吏嚴否爲斷。是則如何導之入於正軌。實謀國之首圖也。

十一月。調補陝西巡撫。奏請陛見。報可。

乾隆九年甲子（一七四四）。先生四十九歲。

正月入都。召見。奏對稱旨。備蒙溫獎。二月。抵陝西巡撫任視事。通諭各屬。諮詢利弊興革諸大端。嚴禁各地苛征捐稅。令各營勤練兵卒、六月。次子鍾瑛以痘症殤於贛漢道中。先生哭之慟。

乾隆十年乙丑（一七四五）。先生五十歲。

陝省地瘠民貧。飢旱荐臻。先生輯撫流亡。辦理賑卹。頗爲周備。又廣諭各屬。提倡紡織。刊發養蠶種桑歌訣。以裕民生。又勸令人民。種植甘薯。及各種適於旱地之雜糧。以裕民食。手定官箴十則。頒布通省官吏。一體遵守。此十則官箴。實爲從政者最佳之座右銘。親切著明。平實可行。所謂懸之萬世而皆準者也。茲備錄於次。一存實心。二堅操持。三廣化誨。四耐煩勞。五察屬吏。六馭胥役。七戒揣摩。八禁擾累。九絕囘護。十息忿怒。

修築咸陽二十四州縣城牆河堤。又修藍田縣藍橋、商州龍駒寨水陸各道路。

鄂爾泰卒。先生與鄂爾泰之交誼。雖以出於張廷玉之門。早年頗有齟齬。然自鄂張並入軍機。同掌樞要後。乾隆二年先生即頗爲鄂所推重。已亦降心事之。勉負重任。荅自來大政治家之風度。但求有利於民。私人之見。固無關也。培遠堂文集有祭相國鄂文端公文云。憶在戊午。始謁公於京邸。恨相見晚。云何不喜。次歲津門。艤舟河涘。更揮麈而深談。每因端而竟委。名理豁於心脾。遠謨見於風旨。所反覆論列者。惟在萬物一體之大原。而深鄙於褊淺卑隘之爲。更嚴乎邪正之介。惟恐稍惑於他歧。惓惓致意者。尤在人材之消長。風俗之淳漓。謀間出微尚以相質。則細流歸海亦相悅無疑。謀之於公也。乏知交之延譽。鮮疇昔之因依。而謬邀藻鑑。不啻口出。輒重遠以相期。戊午。即鄂張並拜相之翌年也。

乾隆十一年丙寅（一七四六）。先生五十一歲。

設立蠶局。收買桑繭。繅絲織綢。各屬聞風傚效。競立局所。人民亦廣事蠶桑。其利漸興。

籌辦常平倉社倉。手訂章程。斟酌宋儒成法。人民稱便。各屬競起舉辦。

十月。調任江西巡撫。未到任。十一月。又改調湖北巡撫。即起程入京陛見。

乾隆十二年丁卯（一七四七）。先生五十二歲。

正月。抵湖北巡撫任視事。清查各屬州縣胥吏侵蝕錢糧積弊。整頓全省社倉。規模一如在陝時。清釐在監人犯。嚴緝盜匪。

十二月。調任陝西巡撫。

三女生。後適曹氏。

乾隆十三年戊辰（一七四八）。先生五十三歲。

正月。没陝西巡撫任視事。四川大金川土司作亂。清廷將取道陝西進剿。先生安設臺站。轉運糧秣。一無貽誤。屢得旨嘉獎。

陝省耀州等十六州縣歉收。民多就食鄰省。流亡載途。先生特施急賑。並飭屬辦理借糶。又奏請朝廷發給災民口糧一月。

查明陝省古帝王后妃陵墓五十五座。聖賢忠烈墳墓九十九處。出示保護。並通築圍牆。修葺享殿。酌員看守。

乾隆十四年己巳（一七四九）。先生五十四歲。

金川事平。傅恆率軍還朝。先生籌辦凱旋事宜。妥貼迅速。得旨獎勉。又修復興平至褒城一路棧道。

乾隆十五年庚午（一七五〇）。先生五十五歲。

加兵部右侍郎銜。開濬井泉。修築溝渠。以資灌溉。時高宗籌備南巡。先生密奏。恐地方官踵事增華。耗費物力。請飭遵循舊例。撙節預備。報可。

乾隆十六年辛未（一七五一）。先生五十六歲。

陝省水利。不外井渠二者。先生倡導鑿井泉。已著成效。至是乃次第修濬各地渠道。如涇陽縣龍洞渠。富平縣大水峪古渠。鄠縣呂公渠。郿縣斜谷關渠。寶鷄縣利民渠。蒲城縣漫泉渠。興安州萬工堰。均親往勘察。委員督修。本年均已畢功。灌溉良田無算。又按照南方水車之法。製成樣車。飭民倣造。俾田地無論高下。皆得藉以推轉引水。民獲其利。

採訪關中名儒著述。擇尤刊印。

六月。奉命暫署陝甘總督。是月卸事。八月。調署河南巡撫。九月。抵任。

奏請修築太行堤。並修理商邱夏邑永城等縣溝河。以弭水患。是時黃河南陽堤岸決口。氾濫千里。

先生會同河督催辦夫料。晝夜搶救。十一月。始行合口。

乾隆十七年壬申（一七五二）。先生五十七歲。

督修各屬河隄。塡補民埝。河患稍平。又以工代賑。災黎咸受其賜。三月。調補福建巡撫。四月。到任。閩省爲瀕海嚴疆。盜匪出沒。防緝不易。先生嚴申保甲連坐之法。清查錢糧。整頓兵備。先後拿獲各地著匪羅源張元和蔡榮祖及僞軍師馮衍等多名。閭閻行旅。得以稍安。

乾隆十八年癸酉（一七五三）。先生五十八歲。

閩省素有糾衆械鬭之風。先生奏請嚴禁。並重懲首事者。又拿獲鐵尺會匪魁杜國强等治罪。閩屬台灣。遠居海外。民俗橫蠻。每遇仇隙。輒匿名榜貼。或豎立旗幟。開列仇人姓名。並揑造反逆字樣。以圖誣陷。先生出示嚴禁。又設立義學。廣施教化。習俗得以稍軌于正。

乾隆十九年甲戌（一七五四）。先生五十九歲。

查取各屬輿地詳圖。先生每涖一省。首要之政。卽飭令各屬繪呈精確之輿圖。道里村莊。不厭求詳。其意以爲凡臨民者惟平日熟悉地勢物宜。處理庶事。始能符于民情土俗也。繪輿圖。有一定之格式。惜已無存。圖後條列民情土俗因革事宜三十款。須隨同塡報。分理周密。頗有裨於治道。玆備錄之。一田糧。二地丁。三糶米。四田功。五糧價。六墾植。七物產。八倉儲。九秋穀。十生計。十一銀錢。十二雜稅。十三食鹽。十四街市。十五橋路。十六河海。十七城垣。十八官署。十九防兵。二十壇廟。二十一鄉紳。二十二文風。二十三風俗。二十四鄉約。二十五民族。二十六命盜。二十七詞訟。二十八軍流。二十九匪類。三十邪教。任縣政者。苟能本此。逐條留心。則其效果誠如先生所云。利害緩急。了然心目。知之既真。行之必力。日計不足。月計有餘。循良著績。造福地方。未始不基於此。

閩省濱海。居民多出洋經商。康熙間曾一度禁止。後開禁。然立限三年不歸者。不准回籍。先生奏請免限。並准其攜帶番婦子女同歸。後瀕海各省俱推行之。僑民稱便。

高宗將征準噶爾。以西安巡撫。有料理一切軍需重任。特於六月調先生任陝西巡撫。八月。到任。籌辦安臺送兵各事宜。修築驛路。購備糧秣。得旨嘉獎。

乾隆二十年乙亥（一七五五）。先生六十歲。

征準大軍。經陝入甘。三月。調任甘肅巡撫。到任後。飭令省東各屬勘修橋路。備辦塘驛馬匹。功績卓著。六月。準事平。具表奏賀。籌辦凱旋軍過境事宜。飭修河西及口外水渠。移建黑水河橋路。甘省產茶甚富。惟課稅過重。商力漸虧。產數因以日少。先生因奏請減額。酌復舊規。

六月。調任湖南巡撫。九月。抵任。湘省素爲產米之區。是歲又值豐收。糧價每石在一兩內外。先生恐穀賤傷農。值江南米貴。因收運輸出。兩有裨益。

歲是正月。曾孫兆熙生。又値先生壽屆六旬。家人咸至長沙慶祝。

張廷玉卒。廷玉嘗薦先生以自代。疏中有陳宏謀視國事如家事。臣所不如之語。二公相知之篤。於此見之。培遠堂文集祭桐城相國張文和公文有謀曾出門下。非由黨援云云。蓋當時嘗受人猜忌。有爲而發也。

乾隆二十一年丙子（一七五六）。先生六十一歲。

奏請將衡陽縣治。分設新縣。得旨准行。命名清泉。修築長岳常澧各處堤垸。是歲江南大饑。先生以湘米運濟。全活者甚衆。

湖南向無省志。先生延范浣浦等。立局纂修。書成。捐廉刊刻。凡年餘而功竟。

十一月。調補陝西巡撫。十二月。到任。

乾隆二十二年丁丑（一七五七）。先生六十二歲。

關中蠶桑。日久廢弛。先生治陝後。極力興復。收效甚大。又以陝省槲葉最多。勸民放養山蠶。是時兵事方已。大軍過境。先生籌修驛站道路。籌辦粮草餉糈。勤劳一如往昔。

六月。調任江蘇巡撫。入京陛見。高宗賦詩送行云。東南繁劇地。撫治寄賢良。爲我蘇徐海。宜民簡代王。允惟力溝洫。方可課耕桑。實政斯應樹。虛名尙藉防。一心要於敬。五字示其綱。最留推行舉。芳同桂嶺長。八月。到任。巡勘淮徐揚海各處河道工程。稽查賑務。並嚴禁收漕諸弊。

十二月。補授兩廣總督。清制地方官向須迴避本籍。故高宗特頒旨曰。陳弘謀籍隸廣西。但伊久任封疆。朕所深信。且總督節制兩省。又係專駐粤東。自可不必迴避。異數前所未有。

乾隆二十三年戊寅（一七五八）。先生六十三歲。

清理江蘇河工未竟事宜。功竣。加級二級。二月。抵廣州任所。加兵部尙書銜。申明番夷禁約。嚴禁番商滋事。剔除私鹽積弊。又設專員督理沿海二十八場鹽事務。以肅鹽政。五月。奉旨以總督銜管理江蘇巡撫。七月。抵任。加太子少傅銜。先生在兩廣總督任內。請增鹽本。將存庫銀數。遺漏舛錯。至是。爲戶部參奏。得旨切責。有市恩奸名。但爲取悅屬員商人等語。部議革職。得旨從寬留任。冬。開濬淮徐揚各屬河道。並貸發民牛具穀種。修建揚州溝洫圩圍。飭勸濱湖匪盜。當時吳江縣時港一帶。强徒嘯聚。爲患行旅。有小梁山之稱。匪首名沈二和尚。又有女匪名光棍小姐。先生訪聞得實。悉剿平之。

乾隆二十四年己卯（一七五九）。先生六十四歲。

奏明將通州新漲沙田撥爲蘇州公益事業經費。檄飭海塘遍種甘柯白楊。以護塘工。奏請疏濬海口。

又以江蘇風俗奢華。特頒示禁約十條。以期改化。

七月。被革去總督銜。仍留任。九月。兼署兩江總督。十二月卸總督事。

四女生。後適錢塘陸之傑。

乾隆二十五年庚辰（一七六〇）。先生六十五歲。

挑濬宿邳黃墩湖河溝。督辦鎭洋寶山工程。巡視淮揚徐海一帶地方。奏請移淸和縣治於淸江浦。又奏議增設江寧藩司。冬。檄飭田主佃戶搜挖蝻子。

四子慶枚生。明年以疾殤。

乾隆二十六年辛巳（一七六一）。先生六十六歲。

兩請陛見。俱遭駁斥。諭旨中有陳弘謀在督撫中尙屬能辦事。而生平好名習氣。始終未除等語。二月。開濬常熟福山塘河。及邵伯金灣壩下河道。籌辦揚州府屬下河各州縣水利。立捕蝗令。冬。飭修常昭二縣土塘。改閘爲埽。以資蓄洩。

乾隆二十七年壬午（一七六二）。先生六十七歲。

高宗南巡。先生赴山東境接駕。御賜詩有云。外吏中惟久。由來繁劇勝。又云。必有遺獻貢。寧爲苦節稱。隨駕回蘇。奏陳籌度江海尾閭機宜。又奏請廣淮北場鹽之利。以濟民食。時淮北水患已除。即從事招墾。以廣生計。

十月。調任湖南巡撫。十二月。抵任視事。

先生嘗置永福縣漁村莊田二百九十五畝。車田二百六十六畝。今歲悉捐施臨桂縣學。師生感頌。

乾隆二十八年癸未（一七六三）。先生六十八歲。

五月。補授兵部尚書。署理湖廣總督。並署湖北巡撫事。六月。抵任。旋即調補吏部尚書。七月。入京到吏部任。九月。御賜東城溝欄胡同官房一所。十月。晉太子太保銜。十二月。充經筵講官。

先生入值中樞後。所有建白籌辦諸務。事祕莫曉。史稱雖其家人亦不知聞。故譜中亦不得而詳也。

楊夫人歿。

乾隆二十九年甲申（一七六四）。先生六十九歲。

七月。協辦大學士事。十月。賜在紫禁城騎馬。

兄弘誠歿。壽八十九歲。

乾隆三十年乙酉（一七六五）。先生七十歲。

七月。暫署禮部尙書。八月。充國史館副總裁官。

六女生。後適劉萬餘。

乾隆三十一年丙戌（一七六六）。先生七十一歲。

奏請將重兵駐劄地方道員加兵備銜。十二月。充玉牒館副總裁官。

乾隆三十二年丁亥（一七六七）。先生七十二歲。

二月。充三通館副總裁官。三月。補授東閣大學士。兼工部尙書。仍管吏部事務。

五月。卸署吏事。六月。奏請將原名恭避御名。改用宏字。

乾隆三十三年戊子（一七六八）。先生七十三歲。

高宗進征緬甸。先生奏陳就近在滇南招練士兵。漢苗兼收。以利軍務。

乾隆三十四年己丑（一七六九）。先生七十四歲。

八月。奉命代辦留京事務。

纂輯學仕遺規四卷。發明仕學一貫之旨。又以明陳明卿薛方山之四書人物備考。繁冗失當。命孫蘭森輯爲要略。親加核定。成四書考輯要。俾有助於舉業。均副刊行。

先生以廣西僻在天末。書籍罕至。特捐貲刊印十三經注疏通鑑通志通典文獻通考加以前刊之小學正史約五種遺規諸書。分置本省七十二學及八書院中。以供士子講讀。

乾隆三十五年庚寅（一七七〇）。先生七十五歲。

三月。患脾泄疾。七月。奏請解任。不准。其後三次奏請解職歸里。俱得旨慰留。

乾隆三十六年辛卯（一七七一）。先生七十六歲。

二月。忽感微寒。言語蹇滯。再奏懇開缺。回籍調理。諭令加太子太傅銜以原官致仕。又頒賜御用冠服。及御製詩一章。以寵其行。末句云。粵西天末相望遠。祝爾平安歸里人。三月由京起程。孫蘭森隨侍。沿途經過地方官。在二十里以內者。俱奉諭照料迎送。四月。舟次武清寶稼營。值高宗南巡。即往接駕。賞賚有加。又賜詩一章。有雅憶岳陽樓記語。行哉寧忘退時憂之語。先生送駕畢。即解纜南下。自後病體較前稍安。笑語如常。六月朔。忽覺躁急不寧。自知不起。乃口授遺疏。命孫代草。初二日。（一七七一年七月十四日）巳時。薨於山東兗州韓莊舟次。奏聞。賜祭葬如例。謚文恭。

（清）孫玉庭撰

自記年譜 一卷

延釐堂集本

自記年譜序

凡搢紳先生葢棺後其子若孫必述其生平作為行述流傳於世然其間不無溢美之處甚至假手於人尤非紀實之道矣余忝中進士幸入詞垣在翰林者十二年外任司道漸歷封圻垂四十年晚復由
體仁閣大學士兩江總督罷職歸田中間所歷事實尚能粗記梗概前於嘉慶十年自廣東述職北上逆旅無事因將自少至五十四歲以前之事逐年登記於册自是

以後黔滇越楚以至兩江又二十年事繁心勞不暇續記茲年已七十有五囘憶此二十年中所遇之境近固即在目前遠亦情事宛在因續而載之名曰自記年譜杜詩云人生七十古來稀余過古稀又五年矣豈能久乎如餘生或可再延則逐年增記葢棺後即以此册爲紀實之書兒輩不得再作行狀爲溢美之詞貽他人話柄是所願也

道光六年歲次丙戌正月下浣寄圃老人識

自記年譜

吾孫氏世居山西洪洞縣明洪武中有遷山東之夏津者至萬歷初吾　始祖諱得保字近川公又遷濟甯自夏津以上經明季兵燹之後不可考矣故即以遷居於濟之祖爲始祖云

二世祖諱守元

三世祖諱鼇化字龍渠前明廩貢生

高祖諱瀛洲字六水明諸生鼎革後隱於鄉

曾祖諱芳字企源號松雪康熙丁卯經魁候補內閣中書

祖諱文丹字書常庠生

父諱擴圖字充之號適齋乾隆丙辰舉人丁巳乙丑兩科明通榜授掖縣教諭俸滿遷浙江烏程縣知縣尋調縉雲又調嘉興終錢塘縣知縣

乾隆十七年壬申十二月十一日亥時余生於掖縣學官署命名玉庭是年　先大夫以教職俸滿保薦入

都

十八年癸酉二歲是年　先大夫擢浙江烏程令眷屬

皆之任所

十九年甲戌三歲在烏程官署

二十年乙亥四歲是年　先大夫調縉雲令余隨　先

母王夫人回濟甯

二十一年丙子五歲是年隨赴縉雲官署

二十二年丁丑六歲在縉雲官署

二十三年戊寅七歲是年　先大夫調嘉興令冬十月
聞　先祖父訃音長兄河鳳補博士弟子員
二十四年己卯八歲是年隨　先大夫回籍
二十五年庚辰九歲是年　先祖父安葬附同里戴氏
館受業於楊闇山先生
二十六年辛巳十歲仍受業於楊先生
二十七年壬午十一歲　先大夫補浙江錢塘令
二十八年癸未十二歲是年隨赴錢塘官署受業於陳

無軒先生冬十二月　先大夫緣事去官
二十九年甲申十三歲自浙江旋里仍受業於楊闇山
先生
三十年乙酉十四歲是年楊先生初與講四子書令學
作制藝文夏六月　先祖母歿冬十一月安葬
三十一年丙戌十五歲是年村居　先大夫教讀春秋
左氏傳
三十二年丁亥十六歲受業於趙覲顏先生初應童子

試

三十三年戊子十七歲仍受業於趙先生

三十四年己丑十八歲冬歲考補兗州府學博士弟子

員

三十五年庚寅十九歲受業於黃明徵先生四月科考

取一等一名食餼余入學補廩皆受知於蕪湖韋約

軒先生冬十月娶妻張氏戊辰進士潞安太守張潛

齋先生女壬辰進士荆州府同知燕翼先生女孫辛

未進士吏部郎中涵六先生曾女孫也

三十六年辛卯二十歲受業於外舅張潛齋先生

三十七年壬辰二十一歲潛齋先生鄉居仍往受業

三十八年癸巳二十二歲仍受業於潛齋先生

三十九年甲午二十三歲鄉試中式座主丹陽吉渭涯先生烏程費道峯先生本房大興舒春谷先生

四十年乙未二十四歲會試中式座主無錫嵇文恭公韓城王文端公少宗伯阿雨齋先生本房宜興湯萼

南先生
殿試三甲第七名進士引
見蒙
恩改翰林院庶吉士秋請假回籍
四十一年丙申二十五歲秋入都居庶常館
四十二年丁酉二十六歲仍居庶常館
四十三年戊戌二十七歲散館授職檢討充四庫館分
校官

四十四年己亥二十八歲是年
恩科考試差入選次年庚子正科因
聖駕南巡於冬、十月復考試差取列第二名

四十五年庚子二十九歲正月聞　先慈王夫人訃奔喪回籍十月卜得吉壤於城西夏家橋之西爲地十二畝有奇恭遇
覃恩贈祖父儒林郎翰林院檢討加二級　祖母安人　父母封贈同

四十六年辛丑三十歲授讀於河南臬署冬回里葬
先慈王夫人於新阡啓　前母戴夫人柩合窆焉
四十七年壬寅三十一歲是年服闋回京充
國史館協修官
四十八年癸卯三十二歲秋典試廣西得士四十五人
解元岑照田州土官之子饒於財覓鎗手代作文字
故得中式余與正考官吳蓉塘前輩據實參奏時監
臨爲錢塘孫補山中丞審明即正法焉

四十九年甲辰三十三歲充補
國史館纂修官
五十年乙巳三十四歲
大考翰詹取列二等記名候升尋充
國史館總纂兼提調官粗知
國家掌故葢由於此
五十一年丙午三十五歲
京察一等引

見記名冬十月蒙
恩授山西河東兵備道十二月之任
五十二年丁未三十六歲平陽府屬之吉州有相沿陋
例派里民充衙門差役如皁隸門子等類皆素封者
所不願地方官得賂則免歲以爲常百姓苦之余出
示禁革並飭府州立案吉州之民始無累焉是年冬
聞 先大夫訃音奔喪囘籍
五十三年戊申三十七歲八月安葬 先大夫於新阡

兩母合窆焉冬自城移居於鄉

五十四年己酉三十八歲鄉居授兒輩讀余長子善寶次子仁榮三子瑞珍其名皆 先大夫所命也女一俱幼

五十五年庚戌三十九歲是年春服闋赴補秋七月選授廣西鹽法道十月回里攜眷之任恭遇

覃恩贈祖父中憲大夫山西河東兵備道 祖母恭人 父母贈同

五十六年辛亥四十歲二月抵鹽道任有龐黎兩姓爭控前明墳山屢經府州各官審訊兩造各執不能斷已十七年矣余徧核舊卷兼考省志查知黎姓爭控墳內所葬之人科名與其呈詞不符因訊得其情案以結卷存道署其事亢長難以歷述秋兼署臬篆

五十七年壬子四十一歲提調粵西鄉試文武闈

五十八年癸丑四十二歲兼署臬篆

五十九年甲寅四十三歲補行五十八年

大計膺卓薦

六十年乙卯四十四歲春入都引

見

召對時垂詢家世及居官履歷甚悉並荷

訓勉諳諳令先回任秋七月湘江舟次著鹽法隅說一編爲粵

省鹽法作也

嘉慶元年丙辰四十五歲春夏在梧州督送赴楚官兵

八千數百名冬升授廣西按察使

二年丁巳四十六歲正月黔省苗民作亂與粵之西隆州接界州屬苗首農登聯黃相幸黨羽蠭起響應制軍調兵赴剿奏以余總理軍需余至百色督辦後路糧餉臺站事粗備卽前赴軍營時制軍暫駐西林縣之潞城須調兵齊到然後進適前敵左江王鎮爲黔苗所乘受傷失八渡右江尙鎮亦失百樂奔泗城惟提督駐軍西隆之舊州地方距潞城百餘里制軍聞之欲退守西林余往說之曰兩鎮雖失利提督全軍

尚在賊必不敢越舊州而至此卽至此我軍據營壘以逸待勞提督從後夾擊必大捷今不待其來而先作退守計恐提督聞而亦退則是棄西隆矣且大帥輕動後路人心惶惑各臺站相率鳥散求今日之情形亦不可得若以此間兵少不足恃盍前就提督於舊州今日事勢止有進尺不可退寸凡言退者皆欲誤節下者也制軍是余言乃止未幾哨探者囘賊果退歸黔境閏六月我軍破苗寨擒農黃二賊餘黨悉

附黔苗守紅水江我軍不能渡江外有木應猺人善
製藥弩受者卽病狂以死素爲苗衆所畏有微員崔
鈞者訪知猺有頭人某至木應可一呼而集余密令
崔鈞率其頭人某假苗裝入苗寨以往是時制軍曰
催備丁夫運餱糧具舟筏每至江干不能渡一日苗
寨火起衆紛紛散我軍得登彼岸則崔鈞糾集猺人
在江外焚殺之力也自此遂收復册亭黔兵亦殲平
興義餘黨悉降九月旣望班師還余以微勞蒙

恩賞戴花翎十月旋桂林清查倉庫事畢將入
覲撫軍奏留辦理軍需報銷事
三年戊午四十七歲仍辦理報銷各案及臬司本任事
粵西自安南用兵後倉庫多虛余抵粵以來七年餘
矣幫同撫軍設法彌補至是漸臻完善
四年己未四十八歲三月蒙
恩擢授湖南布政使未之任調安徽行次長沙復奉
命調湖北並

諭卽赴新任俟一二年後再行奏請
陛見七月抵任時督撫在軍前兩衙門事皆藩署代辦自用兵
三年以來軍儲費至千五百餘萬余抵任後見公項
支絀軍需局事繁如蝟集日不暇給夜至丑寅方能
少休仍憂之不成寐爲奏報到任摺
批回奉
諭孫玉庭前在廣西於辦理狆苗事務經手軍需朕知其甚屬
妥協是以簡擢藩司調任湖北該省節年動用軍需爲數甚

多款項紛繁藩司係錢糧總匯均應逐款詳查統歸核實以
副委任欽此又覆奏胡齊崙劣蹟摺
批回奉
諭一切勉力整頓破除積習力去劣員撫輯招來任大責重知
汝才守皆優特加擢用勉爲好官莫負朕望等因欽此是年
恭遇
覃恩贈曾祖父通奉大夫湖北布政使司布政使 曾祖母夫
人 祖父母 父母贈同

五年庚申四十九歲辦本任及軍需事務協濟陝西軍
糧一萬石
六年辛酉五十歲有軍犯書德者發配廣西路經武昌
據稱係余同年友瑞芝軒再從兄弟求書致廣西當
事屬於水土不甚惡劣之地安置之伊行至長沙又
妄干當道爲撫軍所奏改遣伊犁余以致書屬託干
例議奏
諭孫玉庭本應照部議革職但該員平日居官聲名尚好竟予

罷斥殊覺可惜著革去頂戴加恩改爲革職留任俟八年無
過方准開復等因欽此旋又奉
旨孫玉庭平日官聲尚好見在辦理一切善後事宜亦屬認眞
著加恩賞給四品頂戴如果奮勉出力再給還原品頂戴余
具摺陳謝奉
批勉之又勉勿負朕恩等因欽此湖北常社義倉各穀節年碾
動八十餘萬石均未買補前經長沙相國條奏禁止
在本地派買令各在鄰縣按照市價公平采買湖北

連歲有收市價每石仍在一兩以外而例價連運腳不得逾六錢五分經費有常旣難請加而積貯空虛尤恐緩急失恃此事止在杜絕抑勒豈可常聽懸宕以致困噎廢食余仍爲奏請遵照向例辦理並嚴查短價浮收抑勒諸弊而倉貯始克漸裕軍儲亦不患無備矣是年又恭遇

覃恩例封本身妻室余授通奉大夫湖北布政使司布政使妻

張氏封夫人

七年壬戌五十一歲時軍興未已庫貯支絀余於各州縣悉心調劑頻年奏銷增至九分以上於軍儲酌盈劑虛節之又節計自抵任以來已逾三載共支四百八十餘萬是年春江夏令王澍因案被人揑控大府未察參奏革審奉

旨交藩司秉公訊辦眾謂余不必以屬員之故得罪長官余曰豈可不論是非曲徇人意耶該令廉能素著卒爲申理得回任焉七月奉

旨擢授廣西巡撫
賞還二品頂戴時安南阮光纘爲農耐阮福映攻逼敂關求內
避
上慮邊疆有事
命余馳驛赴鎮南關相機妥辦比行抵桂林則福映已滅光纘
遣使納款矣據其表稱其遠祖本黎氏舊臣分封廣
南之地嗣并越裳迫阮光平殄滅黎氏福映竄居農
耐今乃爲君父復仇非敢無故稱兵並擒獲阮光纘

竊留內地海盜莫觀扶等數十名解歸廣東正法恭繳阮光纘所受

天朝敕印懇

恩錫封云云察其情詞恭順且

國家之於外夷不以其國之順逆爲順逆而以其順逆於

我

國者爲順逆遂爲具摺奏懇

俯准納款得

旨俞允

八年癸亥五十二歲正月阮福映奉表夷使黎正路及

進貢夷使吳時任等至桂林又有副表稱其祖居越

裳之地自號南越歷年已久請卽以南越名國因其

稱名與南越趙佗無異字涉嫌疑一面陳奏一面將

表文駁回旋奉

諭旨阮福映請以南越二字錫封斷不可行設阮福映再行瀆

請先行陳奏其使臣表貢暫留粵西候旨遵辦再阮福映求

封南越顯有恃功邀請情事恐其心存叵測海道邊關俱著
密飭防備等因欽此三月二十五日接到阮福映回稟仍將
請封南越舊表懇爲轉奏查阮福映甫得富春已遣
使航海輸誠及全有安南又遣使敂關請
命其迹實爲恭順儻或心存叵測亦不在語言文字之間中國
之於外夷受其納款不過示以羈縻不必因此小節
卻其表貢阻外夷向化之心然南越旣駮斥在前斷
不便仍從其請當爲奏懇

天恩將阮福映國號錫以越南二字則百越之南本外夷之域
既不與兩廣地名漫無區別而阮福映先有越裳古
地繼有安南於肇錫嘉名之中仍存其舊彼即欲飾
詞再瀆亦已理屈辭窮嗣於四月十七日接奉
諭旨阮福映請封國號著用越南二字欽此八月接軍機處字
寄
諭旨各督撫將各該省有無虧缺已補若干未補若干詳細具
奏毋稍諱飾回護等因余覆奏粵西倉庫臣前在司道任內

隨同前撫臣立法整頓竭力補苴庫貯正項久臻完
善並無短缺倉穀缺數俱已采買全完照額實貯足
以上紓
宸廑奉
批欣慰覽之此摺存記於中以備查核欽此十月調補廣東巡
撫陳請入
覲奉
批汝雖未識朕汝之官聲朕知之已悉且赴新任諸事妥爲料

理明歲春夏北上未遲又奉
諭旨孫玉庭已調任廣東卽赴接印任事將地方諸務認眞整理待來年別無應辦緊要事件再行赴京欽此十二月抵廣東任

九年甲子五十三歲廣東外海羣盜內河土賊時爲商民害其匪徒結盟械鬬殺人之案復不一而足余抵任後購線拏獲聚黨互殺之著名巨匪楊亞鹽鄭亞訂等首夥四十八名又三十二名又十九名拏獲結

會行劫之匪徒闞念棕等首夥八十名審明後分別
恭請
王命置之法制軍移知軍機處字寄
諭旨孫全謀奏盜首鄭一共有匪船二百餘隻兩次追捕傷斃
兵丁戕及員弁檢查倭什布奏到各摺並未詳悉陳奏著郎
查明將應用船隻修齊並當設立章程期於可久傳諭倭什
布並諭孫玉庭知之等因余覆奏略云粵東水師終年在洋
迄無成效在盜匪忽分忽合來往無常兵船分則勢

單合則顧此失彼以分幫四出之賊船散於三千餘里之海面安能一一尋蹤連兵追勦卽遇賊船接仗風信靡常波濤洶湧兵船近則自相撞擊遠則呼應不靈非如陸路用兵有步伐止齊可以決勝故從古以來治海疆者論海防而未聞海戰此時嚴守口岸添駐兵丁爲第一要務禁絕淡水米糧不能通盜酌留米艇數十號扼要居中往來策應稽查旣密守禦益嚴盜匪進難摽掠退無口糧將不擊而自斃庶爲

可久奏入

上於摺內論海防而未聞海戰句旁

批此論近理時制軍意主剿此奏遂不果行潮州械鬪成風潮陽尤甚有鄭馬兩姓各糾族眾先後仇殺至一百六十四命之多犯無一獲者余檄飭該管道員督率兵役捕獲正幫各凶四百八十餘名因人犯眾多奏明親赴審辦十二月十六日行抵潮郡歲杪接吏部咨文余調補廣西巡撫百藕溪撫軍調補廣東巡撫

十年乙丑五十四歲正月謝

恩摺內夾片略云潮陽械鬬之案事積三年犯至數百臣已審明大概此外尚有洋盜及搶劫等案臣亦在潮審辦約二月方能蕆事計彼時百齡亦將到粵東矣拜摺後接准軍機處字寄

諭旨潮陽械鬬之案係該撫本任應辦之事不可稍有諉卸等因余覆奏略云潮陽械鬬案臣已審辦具奏其應歸案分題各起見在陸續趕辦此外尚有著名要犯亦經督飭

文武分赴搜擒百齡未到以前臣責豈容旁貸臣請
覲之摺已於上年臘底專差齎進臣仍於交卸後迎摺北上奏
入奏
批進京見後再赴新任潮陽鄭馬兩姓械鬬之案余審明後即
將情罪重大之鄭阿嘗馬阿仕等二十餘人先請
王命梟示其餘謀故鬬殺及幫同助惡各犯亦核情定罪分案
題達又海陽縣屬有原任山東金鄉縣知縣孫映輝
已革生員林哲各自庇族械鬬自嘉慶五年至九年

林姓傷斃孫姓二十三命孫姓傷斃林姓二十一命
拏獲首夥七十餘名先將孫映輝參奏革職審辦又
海陽縣有楊咱吆陳阿斗等私鑄鐵礮賣與澄海縣
土豪林泮林五逼盜濟匪恣爲不法林泮在家恃富
姦行遇有貧民行竊令人束縛手足擲棄入海致死
李阿來等七人又因被竊疑係陳阿七薛阿顯施阿
矮並不知姓之阿貴等行竊捉回拷打不認俱棄之
於海林五與洋盜鄭老童交好結爲同年代爲勒索

商船銀兩余訪得其實將楊陳二林及爲從各犯設法擒獲訊據供認奏明解省由新任督撫奏辦並將該管府縣揭參拜摺後即回省受代遵

旨北行五月抵京初蒙

召對即日奉

命恭謁

裕陵回京節蒙

召見五次

垂詢洋盜如何捕治余奏以應議海防爲要又
問地方情形而於李崇玉事尤悉李崇玉者陸豐縣甲子地方
之巨盜也內窩匪徒外通洋盜黨與甚夥官吏恐其
拒捕滋事不敢往拏歷任督撫亦莫敢輕發於是其
勢愈張余密屬惠潮道訪治之廉知其無能爲也乃
於在潮郡審案時屬左翼林鎮以舟師堵甲子港口
使其不能下海陸路令文員率領壯丁出其不意密
往圍捕已約定於某日夜前往無何碣石李鎮帶兵

二百至欲同往甲子本該鎮左營汛地勢不能止其同行詎將發之際該鎮弁兵忽訛報李匪聚集數千人欲爲叛李鎮遂遲疑不進迨探得其實與文員相幸同往則天已明矣然果密往掩捕亦尚可獲乃行距李崇玉住屋里許碣鎮兵忽放號礮三聲又接放排鎗一陣李匪正在早飯聞聲卽出屋向東逸去迨兵壯圍屋捜捕止得其父母兄嫂子姪而該匪竟漏網矣先是余慮該鎮兵住居甲子與該匪密邇恐其

洩漏故水路則用左翼舟師陸路則用文員壯勇原
未與該鎮相聞乃臨期卒爲所誤以卸任在即不能
接辦此事當據實參奏得
旨李鎮交新任總督拏問並究放鎗礮之兵丁是否有意傳聲
至是又蒙
垂詢乃剴切面奏
上曰汝布置本已妥協特爲李漢升所誤乃伊一人之罪也余
頓首謝並節次詳陳洋盜及會匪械鬬情形固不敢

粉飾亦不敢附和
上意似以爲然旋
命起程赴任
諭曰朕素未見汝因聞汝操守清廉衆口同聲是以由臬司不
數年擢用巡撫汝當勉力余免冠謝卽辭出次日起行比途
次武昌又蒙
恩復調粤東具摺陳謝遂取道廣西赴任維時緝捕洋盜無效
制府遂倡招撫之議余力言其不可終不見聽乃自

行陳奏略云洋盜袁阿明林亞發等先後投首十一起惟曾亞發等四起據稱殺死賊目餘並未殺賊即曾亞發等所殺之賊是否確係盜犯無從考其底裏或竟殺死被擄難民捏爲賊目首級亦難查考各屬稟報盜匪投首多係購線招致始肯來投在盜匪雖係窮蹙而自官招之究屬非體況又槪加賞賚遂致外間有盜匪非眞悔罪特爲貪利而來官吏意在邀功不惜重金爲市之議雖係浮言難箝衆口然此猶

其小焉者耳盜犯免罪之後仍然衣食無資狠子野
心故智復萌因之勾結匪類狠狽爲奸小則鼠竊大
則糾搶迨官司往捕仍然下海爲盜殊於海疆邊地
大有關係且該犯等横行海面劫掠殺人計其罪淩
遲斬梟尚不足以蔽辜今則概置不問又加之以重
賞榮之以頂戴居然高出齊民之上以致民間有爲
民不如爲盜之謠又兵丁捕盜備嘗辛苦欲拔一外
委未可卽得乃盜匪則唾手而得千把總頂戴予以

候補亦不能禁兵丁之怨望此則上關
國體下失兵民之心至於廢法更無論矣臣以爲勦撫兼
行之計莫若堅壁清野之謀沿海斷其接濟厚集兵
壯於緊要口岸嚴密堵禦如遇匪船乘潮而至過礮
臺則用礮轟擊近海岸則兵壯堵拏日久消磨海道
自可漸臻甯謐此事雖係督臣主政臣既知事理未
協何敢緘默曾與督臣再三辯論意見不同不得不
據實陳奏奏入

上是之

命制府回京余因制府演劇宴賓未經參奏亦得

旨降三級留任是年余女出閣嫁爲溫制軍子婦壻名啓鼇甲子孝廉更名啓輔又更名啓封

十一年丙寅五十五歲正月聞長兄訃音長兄以歲貢入成均考取八旗教習方補缺而腹疾作纏緜數月乃假歸旋里數日卽捐館舍名場不遂齎志終身實可哀也粵東福員遼闊海山交錯潮高雷連四府距

省甚遠每値秋審人犯衆多長途往返時恐疏虞余
奏請照粵西等省之例邊遠府分免其解省卽由該
巡道往勘歸臬司彙詳經部議准行八月二兒仁燊
病殁此子性情坦直孝友讀書求進取意頗銳突病
而亾余甚惜之

十二年丁卯五十六歲惠來縣有械鬭匿不報官之案
前余在潮郡辦理各案時嚴飭查辦因人犯遠逃屍
親諱匿無憑根究茲首犯朱受平等以事隔日久陸

續潛回採信卽時誘獲又緝獲林溶耀等一百四十
五名究出兩造共獘五十六命奏明分別首從置之
法是科大兒善寶舉於鄉
十三年戊辰五十七歲述職屆期四月抵京蒙
召對五次
垂詢海洋情形及地方事宜余一陳奏蒙
諭盡心辦事卽日啓行回任香山縣有海島名曰澳門自前明
准大西洋國住彼貿易歲納租銀五百

國朝因之非他國所能擅入也咦咭唎國向亦來粵貿易見西洋人在澳屋居貨船亦止到澳門但稅船料與各國貨船皆須至距省四十里之黃浦停泊船料之外並納貨稅者迥別因而擅入澳門欲與大西洋一體省納稅銀制軍與余會商驅逐先委員諭以大義令其速退回國一面調兵嚴備乃該夷猶存希冀不肎即回余乃檄飭香山縣在水路禁止赴澳柴米船隻絕其糧食烟火復委本標遊擊駐守陸路之前山

寨與香山協副將相爲犄角該夷聞之恐卽稟求限於三日內將兵衆全徹回國蓋夷性貪利且狡詐獷悍一與交兵卽生釁端茲但糶以兵威絕其柴米彼無利有害故卽遁去然己逡巡兩月餘矣

上以辦理遲緩鐫制軍職調余撫貴州十二月抵任

十四年己巳五十八歲黔省事簡惟京鉛領運甚多運腳不敷通省賠累公事因之處處掣肘向年商運每石給腳費銀五兩自改官運減至三兩後又遞減至

一兩五錢而運脚益形支絀矣余通盤籌畫擬爲陳
請酌增未及具奏卽奉
旨以嘆咭唎夷人登岸一事制軍辦理遲延不卽參奏失之輭
弱革職回籍本年
聖壽五旬進京祝
嘏尋奉
旨賞給翰林院編修在文潁館行走
十五年庚午五十九歲蒙

賞三品頂戴授雲南巡撫
召見
諭曰汝係獲咎之人因汝操守素好故復用爲巡撫又
諭潮州械鬬等案汝所辦甚好滇省事汝皆優爲余免冠謝旋
出京赴任道中奉
旨命於過貴州時審辦湯德溥京控案訊結後卽日赶赴滇撫
任其黔省運鉛加價一事自余離黔事亦中止至是
復與黔撫熟籌照依前議具奏得蒙

俞允每運加銀三千兩黔省積累自此遂釋是科三兒瑞珍舉
於鄉
十六年辛未六十歲奉
諭孫玉庭前以三品頂戴補放雲南巡撫茲到任已及一年於
地方公事小心經理尚無過失加恩仍賞二品頂戴順甯府
屬耿馬土司所管之悉宜廠有砂丁李元等勾結猓
匪聚衆一百餘人沿村劫掠拒殺六命捕獲之照強
盜聚衆百人以上梟示例恭請

王命置之法

十七年壬申六十一歲雲南之西鄙耿馬孟連猛猛三土司均屬順甯府先是有緬僧張輔國者江西人也蠱惑土司所屬之倮夷畔主從伊遂占據南興之地頗肆侵暴土司畏之莫能禦嘉慶五年書制軍帥兵剿之不克春深瘴起奉

命班師時雲撫初中丞囘京面陳輔國不滅必爲邊患

上命永撫軍往剿輔國請降維時琅制軍正剿維西猓猓夷人

勢難並舉遂受其降並奏以爲南興土目羈縻之而
已輔國由是擁衆日肆鴟張漸蠶食三土司地掠及
緬甸邊境葢十數年矣余與伯制軍竊心憂之一日
制軍又以其事向余言余曰養癰貽患前人未辦我
輩之責也遂會銜入奏
上以輔國係土目應先檄調來省如不來再行舉兵方爲師出
有名由軍機處寄信來滇時制軍遠赴騰越距省二
千餘里余先覆奏謂輔國情形調之必不來既不受

命必先設備不如俟秋後瘴消設辦已齊彼時調之
不應即日進兵較爲妥善比至秋與制軍商定先調
三土司土練爲前導以所備官兵爲後應制軍聲言
赴西路閱兵調輔國不來遂就近督勦連得勝仗三
次破南興賊巢輔國竄入猓夷之莽怕寨官兵土練
隨而圍之輔國就戮捷
聞在事文武
恩予優敘有差是役也用兵不及四月所費僅止十萬而邊城

晝靜土民安枕遺患永除矣

十八年癸酉六十二歲伯制軍入都

陛見余兼署督篆

十九年甲戌六十三歲述職屆期循例入奏得

旨允行九月抵都

召見

上曰汝在雲南辦事妥協與總督伯麐和衷朕皆知之汝二人

何以能如此覆奏臣與伯麐共事相與以誠各矢無私故能

和衷

上曰汝等如此朕無南顧之憂矣汝遠來多住幾日俟過萬壽

再出京余叩謝並奉

恩諭進園看

萬壽戲每日卽於戲場

召見詢問滇省公事如常時不以觀劇廢公也初八日

陛辭出京十二月回滇撫任

二十年乙亥六十四歲奉

旨調浙江巡撫並奉
諭不必來京請訓即赴新任
二十一年丙子六十五歲五月抵浙撫任是月又奉
恩旨擢授湖廣總督於請
訓後再行赴任余即自浙北上途次奉到
廷寄
諭旨命於路過揚州時審辦蔡振善京控案此案人證八十餘
名余擇提必應到案者三十餘人隨到隨訊俟原告

蔡振善解到令逐一與質該犯無辭案遂結七月到
京
召見時值嘆咭唎國貢使不能行三跪九叩首禮謂其崛強遣
回本國
上意不懌
召見數次後
上問汝曾任廣東巡撫嘆咭唎情形汝應知之余遂奏該夷貢
品向係海船帶進至乾隆五十八年該夷專遣貢使

航海至天津貢方物彼時夷使到京即聞其不能效
中國跪拜之儀至嘉慶九年臣於廣東巡撫任內適
逢有荅賞該國王之物會同督臣傳該國大班名呵
嚐咚者入見吏役引至大堂前站立該夷摘帽弓身
俯伏通事傳諭
大皇帝有荅賞各件令其敬謹齎回該夷弓身如前狀即隨賞
件步行獲送至該夷寓所方該夷入見時見其兩腿
絝韈綳緊直立而不能曲其俯伏者即夷禮之免冠

頓首也今屆貢使卽係呵噹咚豈有在廣東則恭謹
到京師反敢崛強者乎
上問嘆咭唎在中國之外何方覆奏在中國西北其地東界哦
囉斯南界大西洋
上又問去中國幾萬里覆奏前明西洋唎嗎嚽精於算法其書
稱至中國九萬里嘆咭唎又在大西洋之北其遠可
知彼國之船秋間乘西北風行駛由西洋諸國而南
至暹羅越南洋面俟西南風東駛則係廣東洋面至

福建洋面乘東南風北駛歷浙江江南山東直隸而至天津是以有周迴九萬里之說

上又問汝何以知悉覆奏臣職任海疆全海洋圖時常閱看故稍知之

上又問聞彼國甚爲富強覆奏彼國大於西洋諸國故強但強由於富而富則由於中國

上問其故覆奏彼國貿易至廣東以其貨物易換茶葉回國時轉賣於附近西洋各小國故富因而能強西洋諸國

之需茶葉亦猶北邊外之需大黃我若禁茶出洋則
彼國窮且病又安能強夷人惟利是視其入貢欲沿
海多開口岸彼可得利耳乾隆五十八年彼國貢使
曾希冀在甯波另開口岸未准今歲之入貢猶故智
也故臣以爲彼如妄有干求必當折以
天朝之法度若勢有不能不必責以中國之儀文反覆開陳漏
下四刻
上意大悅

優旨褒嘉旋
諭赴任八月抵湖督任十一月奉
旨調補兩江十二月抵任是歲次孫毓泗補博士弟子員余孫
五長毓湘長子善寶出次毓泗三毓漢四毓淮次子
仁榮出五毓珠三子瑞珍出
二十三年丁丑六十六歲奉
命提審浙江車組青京控案組青浙之訟棍其案浙撫兩次訊
結渠又京控復經浙閩總督訊與前審無異至是甚

京控四次矣
上命提審余逐一親訊得其情僞組青無可支飾乃加重擬外
遣並加枷杖案遂結是歲三孫毓漢補博士弟子員
二十三年戊寅六十七歲江南江淮興武兩衛向無屯
田其運丁自運之船每逢拆造領價不敷無可津貼
因之兌漕需索愈甚計兩衛各幫每年共須造船四
十九隻應加工料銀一萬四千八百餘兩奏明籌款
照數增給又訪知通州所屬江場大皆小皆地方有

藏械出洋肆劫盜匪密委素善緝捕之文武拏獲巨盜江朝陽等四十餘名究出汎弁地保等得規包庇并續獲盜首朱繼保等奏明置之法又訪知江蘇之睢甯縣及安徽之靈壁縣交界地方有匪徒搶劫飭文武緝拏先獲犯五十餘名又獲犯四十餘名奏明分別提至江甯並咨交各撫臣就近勘辦

二十四年己卯六十八歲次孫鯍泗以痘病殤曾孫樌生鯍泗遺腹余曾孫凡四長柜次栶次樅長孫鯍湘

出四卽榿也十月
聖壽六旬九月將次赴京東河蘭儀等處南岸漫溢河流并淮
直注洪湖高堰石工將沒危險萬分余會同河帥設
法疏消幸風恬浪靜得慶安瀾乃入都祝
嘏蒙
上手賜杯酒並
賞統玉如意歸途查看沿河舊拋碎石各工以上游漫口下流
水落石出可以驗其果否收效也

二十五年庚辰六十九歲八月驚聞

上於行在晏駕衆惶懼卽欲變服哭臨余曰定例

遺詔到日方准變服會典開載甚明事關重大豈可以意爲之

若遽行變服設

遺詔到在二十七日應除凶服以後又將何以處此乃與黎河

帥堅俟

遺詔至齋宿二十七日朝夕臨期滿除凶服以素服視事八月

二十七日奉

諭孫玉庭著加太子少保銜葢
今上龍飛嗣統特沛
恩施也海州有匪徒胡大成等聚黨藏帶火器刀械自號仗
頭架護鹽販漁利釀命拏獲首夥三十五名奏入奉
諭孫玉庭等奏胡大成自立仗頭名色聚黨護梟漁利釀命
業將胡大成及夥黨三十五名全行拏獲甚屬可嘉嗣後
更宜黽勉查拏將此諭知孫玉庭並傳諭延豐知之欽此
接部咨奉

諭官員養廉定自雍正年間府廳州縣差務攤捐日益加增有全行坐扣祿入毫無者不得不取給於陋規與其私以取之何如明以予之直省相沿如舟車行戶火耗平餘雜稅存贉鹽當規禮其名不一著各該督撫率藩司將所屬陋規逐一清查應存應革秉公詳議期於久遠可行或以此之有餘補彼之不足俾敷辦公而止奏定之後如再有以賠累爲詞於此外多取於民者一經發覺卽從重治罪等因覆奏略云我 朝

列聖相承取民皆有常制至於陋規則干例禁語云作法於涼
其敝猶貪夫禁人之取猶不能不取若准人以取則
益無顧忌勢必竭民脂膏然後止方今府廳州縣因
祿入無多取給於陋規者固天下多有且不獨今爲
然郎自昔亦不能不藉地方舊有之出息以充辦公
之需然未聞准其明取於民垂爲令甲者今蒙
皇上因愛民而慮及地方官苛取又因地方官辦公不敷欲
使清查數目明定限制

聖恩曲體下情洵屬無微不至而臣愚以爲不可行者非敢
畏難推諉任其掩耳盜鈴也誠以自古無此制祿之
經不可使我
堯舜之君於百官常祿外別開取利之門爲後世滋議且
爲官吏制用而查及舟車行戶事涉瑣屑尤爲不雅
是清查陋規後來之獲益未覩目前之紛擾已甚輿
情未協
國體攸關於地方吏治均無裨益臣蒙

皇上知遇若心知其不可而緘默不言撫衷滋惕益切難安
見與三省撫臣往返札商皆以相安已久無須另議
反致紛更惟有仰乞
恩諭停止查辦則天下臣民幸甚奏入奉
批國家利弊據實直陳可謂大臣矣又於臣以爲不可行句
旁奉
批朕非文過飾非之主而今大悟矣遷善改過猶恐不及又
心知其不可而緘默不言句旁奉

批卿能如此公忠抒致君澤民之心朕甚嘉焉欽此又奉
諭謂爲公忠體國優與議敘部議加二級安徽涇縣徐飛隴
命案承審官因疑成誤幾冤殺七命屍屬背負冤單
赴京呈控以刃自戕於刑部門外
諭令余提審奏片略云徐飛隴命案業已究出正凶確係李
象黑夜疑賊毆斃並非徐姓謀命圖賴亦非章姓仇
殺致死情節與安省迴異罪名出入懸殊俟將承審
委員調到質明再行定擬奏入奉

批徐飛隴一案審斷未明致令死者含冤九原凶手翻然無事光天化日之中奚容有此傷心滅理之事卿能昭雪沈冤用成信讞凡聽斷不公不明之酷吏定案時一并指參無隱使知畏法從公於吏治大有裨益也其盡心焉欽此

嗣經質明按律定擬奏入奉

諭孫玉庭奏審擬徐飛隴被傷身死一案究出正凶據實平反一摺此案徐飛隴在該縣入門口地方被傷身死案懸數載兩經屍子京控發交該撫審辦迄未訊明定讞迨屍

族徐玉麐來京復控身懷冤單在刑部門外自戕斃命始
交孫玉庭審辦見據該督率同委員研鞫不但非章立托
等挾嫌圍殺亦非徐長發等做傷圖賴實係李象疑賊毆
斃該犯供吐情節歷歷如繪提到知情代爲隱匿之呂斌
隔別研訊供詞亦悉吻合可成信讞該督將李象依律擬
絞聲明犯在赦前應否援免聽候部議李象鬬毆殺人原
非不赦之條惟匿罪誣扳幾致釀成冤獄情難寬宥著不
准援免孫玉庭審辦此案不辭勞瘁不避嫌怨使數年不

白之冤一旦昭雪卒成信讞可嘉之至著吏部從優議敘
欽此是年長孫毓湘補博士弟子員
道光元年辛巳七十歲奏請入都叩謁
梓宮得
旨俞允二月起程中途奉
旨授協辦大學士仍留兩江之任三月到京恭進謝
恩擢當蒙
召見

上語及
先帝升遐時事涕零不已余亦淚流不能仰視
諭曰明日是清明大祭汝可進宮門隨同行禮余奏宮門內
乃宗室王公哭臨行禮之地臣不敢入
上曰汝係
先帝擢用大臣比衆不同且汝進內方可望見
梓宮朕仍諭知總理
喪儀王大臣令其照料是日蒙

賞
先皇服御之冠袍帶履等物以作遺念並
賜蟒袍紬緞袍褂各件次日又蒙
召見獎勵有加自後逐日入對
訓諭之旨居多至初八日
詢及兩淮鹽務疲敝之由余即剴切敷陳
諭令補揩遂將淮南淮北事宜分揩恭繕於初九日面進初
十日

召見於永思殿
上曰汝已謁過
梓宮不必送往
山陵兩江事繁明日在城外送駕後即回任可也四月抵清江
海州有梟匪李克標等在該州之由谷莊聚衆護梟
拏獲首夥又緝獲鹽犯十三名奏入奉
諭孫玉庭奏海州地方鹽梟李克標等護梟拒捕見獲首夥
起獲鎗刀器械又獲另起鹽犯十三名私鹽二萬七千斤

所辦甚好海州州營參將裘安邦著加恩賞戴花翎海州知
州孫源潮著交部議敘以示鼓勵欽此又拏獲仗頭嚴興
魯一起私鹽船十隻巡獲各起私販二十一名私鹽
一萬八千餘斤奏入奉
批所辦甚好嗣後惟當一力督飭毋稍疏懈知道了欽此江
蘇魏愛軒撫軍寄到其謝
恩摺內奉到
硃批內云今歲孫玉庭入覲朕徧詢民間疾苦地方利獘敷

奏詳明直言無隱可謂國之柱石公忠之懷見於言表且年已七旬精力未覺稍衰朕深嘉幸汝之聲望久在朕懷今而後若能效法孫玉庭之居官任事始終如一何虞不受朕恩又何患不爲名臣矣須加慎勉是年大兒善寶以恩廕內用員外郎分刑部行走四孫毓淮五孫毓珠補博士弟子員冬黎河帥入覲余兼署江南總河上以余年七十

賜
御書平格延釐頒拊循南國宣猷遠協贊黃扉受福多聯句
御書福壽字並藏佛如意朝珠蟒袍文綺紬段等件即令大
兒善寶自京齎送南來就便爲余壽
天恩高厚曲體入微實感激難名也恭遇
覃恩贈曾祖父光祿大夫協辦大學士兩江總督　曾祖母
一品夫人　祖父母　父母贈同徐州北門外黃河
經由處所南係府城北係居民僅寬七八十丈逼河

至此爲之一束每遇盛漲最爲險要本年水勢上灘
民屋均被浸泡余奏明酌給遷費移住高阜將該處
河道挑空展寬四十丈俾河身一律通暢永無逼窄
之虞請銀六十萬辦之得
旨允行歲底交卸河督篆回兩江督署
二年壬午七十一歲銅山縣境內荊山橋河道年久淤
墊民田連歲淹浸積成災歉勘明應挑應築工段請
銀十六萬有奇奏委妥員督辦事竣在事人員皆蒙

恩施有差是秋黃水盛漲前此東河南岸蘭儀漫口未幾北
岸馬營壩復決甫經堵閉而蘭儀又決兩次合龍挑
空引河堆積之土至是漸隨大汛刷入江南沙停水
長兩岸皆盈幸余自丙年抵任以來催積土牛至是
足敷加築子堰之用未致漫溢乃與黎河帥將河底
淤高情形據實入
告奏
諭本年伏秋兩汛黃水來源較大水長沙停全行淤高堤工

頓形卑矮自邳睢下汛起至海口止兩岸十二廳長堤一律幫寬加厚著戶部速行籌款撥銀八十萬兩解工赶辦以資防汛等因蓋全河自此淤高湖水出口不易辦理遂難措手矣安徽潁州府與河南新蔡等處毗連匪徒易於逋竄有新蔡匪徒朱鳳閣者推阜陽人邢名章爲教首斂錢聚衆名章娶已正法教匪王百川之女爲妻自稱治劫祖師廿八子邢五爲眞紫微星七月十三日朱鳳閣手刃幼子祭旗與邢名章自新蔡起事

率眾突入潁境兵役往捕格殺二十餘人該匪等竄入阜陽境內之岳家莊據莊抗拒十六日兵勇冒雨前進生擒朱鳳閣邢五殲斃邢名章並僞元帥王興仁王興義及餘黨數日之內剿除淨盡事

聞

上以剿捕妥速

優旨褒嘉在事文武皆蒙

恩賚江蘇通海等處洋面有逸盜張均二等夥黨販私疊劫

殘害多命余密飭文武嚴緝旋據提鎮各標營暨通州海門武進陽湖江陰靖江上海常熟昭文無錫金匱太倉吳縣等州縣先後稟報拏獲洋盜及販私各犯八十餘名起獲大小匪船十隻鎗礮刀矛器械及火藥等項究出盜首張扣二向浙江奉化縣逃走急應窮追嚴緝並咨浙省遴員前往偵捕務獲奏入奉

諭孫玉庭奏緝獲洋盜多名究出積年盜首潛逃浙省見在跟拏咨緝一摺江蘇海洋遼闊經孫玉庭督飭文武拏獲

洋盜及販私各犯共八十餘名起獲船隻鎗礮刀矛器械及火藥等項辦理甚好可嘉之至此案張扣二向甯波逃走已降旨令帥承瀛派委幹員迅速查拏解往江蘇歸案審辦矣此係積年巨盜如能拏獲自可加恩鼓勵儻地方文武玩縱再致在洋擾害定當嚴懲不貸欽此嗣經盤獲奉化縣人王南延即王南蓮挍出張扣二交伊寄赍原籍張和元等託爲賣田以資盤川潛逃之信遂派員弁帶同王南延會該省文武將張扣二拏獲案結

奏入出力員弁均蒙
恩賚時余以年過七十精力漸衰具摺陳請懇
恩予休略云臣道光元年進京
陛見臣一切精神情形仰蒙
聖明照察
垂慈體恤逾格優容並有不以筋力爲禮之
諭自維渥邀
恩遇罔知所報回任以來勉策衰庸不敢稍留餘力以期竭

盡愚誠稍有涓埃之效若自圖安逸不特無以仰對
聖明即問心實難自安惟兩江地廣事繁任大責重臣年逾
七十自覺精力不能如前每遇事宂輒有遺忘若不
將見在精力較衰情形陳於
聖主之前設有貽誤則辜負
君恩臣慭滋重用敢直陳下悃仰乞
皇上垂察慎簡賢能以重東南要任不勝感幸奏入奉
批卿一片公誠之心朕已深悉另有諭旨又奉

諭孫玉庭自陳年力較衰請簡賢能以重東南要任一摺孫玉庭歷任封圻經朕授爲協辦大學士仍留兩江總督之任雖年逾七旬精力未衰正當爲國宣勤永承眷注茲該督奏精神漸不如前每遇事宂輒有遺忘恐滋貽誤一片公誠之意朕已深悉尚其益加懋勉努力奉公以副委任所請不允當體朕心將此諭令知之欽此接奉後覆奏略云仰荷

聖慈垂鑒微忱

訓勉備至
溫諭寵加臣卽捐糜頂踵無以仰酬
高厚惟有謹遵
諭旨倍加振刷努力奉公竭衰暮之餘年矢靖共於臣職以
期稍報涓埃而已惟兩江劇任甲於他省仍求
皇上於萬幾之暇預爲愼簡得人以待更替謹具摺叩謝
天恩伏乞
聖鑒奏入奉

批卿其勉力爲國宣猷老當益壯誠悃均悉欽此是年壬午
科三孫毓漢舉於鄉
三年癸未七十二歲有著名巨梟穆鳳林者在洪澤湖
邊護船載私抽錢漁利余密諭副將裘安邦等出其
不意將該犯拏獲搜起鳥鎗刀械又訪有仗頭劉忠
信與梟匪楊三岡宗五在安東沈家集爭奪馬頭戕
殺兩命經都司惠普恩等拏獲劉忠信等十二名起
獲鎗械奏入奉

批所辦甚好知道了又梟匪趙泳太等糾夥數十人私設鹽
關護梟漁利因助私販奪鹽在宿遷地方毆斃八命
復糾夥黨攜帶軍器與積梟劉奇爭奪馬頭互相糾
鬬經都司惠普恩查拏趙泳太等放鎗拒捕被兵丁
格殺要犯五名時清河縣李正鼎帶役趕至合力擒
獲三十一名及鎗械軍火等件奏入在事文武蒙
恩鼓勵有差安徽阜陽亳州蒙城一帶積匪張建禮護梟窩
盜擾詐良民強占婦女姦淫肆惡凶霸一方因而居

積致富鳳陽縣皁役胡成五河縣頭役張斌與該犯狼狽為奸受害之人不敢控訴又有武家寨之巨惡武炳文與張建禮聲息相通經委員前往會同鳳陽縣拏獲胡成並續獲武炳文其張斌一犯因與張建禮通信縱令逃逸亦經拏獲嚴禁惟張建禮隱伏鼠竄經該處文武追蹤至靈璧縣辛家莊地方見有一船在湖心蕩漾形迹可疑急前追捕而該匪知覺棄舟登陸潛至麥地藏匿當即擒獲又有蒙城皁役王

琯係張建禮之耳目改名王瑄又名王廷俱經拏獲
監禁提解江甯審辦奏入奉
批此等凶淫惡匪立就擒獲甚快人心可嘉之至並奉
諭著隔別嚴審定擬具奏欽此又訪有安徽在逃要犯端金
隴者前於嘉慶二十年聽從鄭四禿子等於懷遠縣
等處圖財謀殺船戶男婦多命劫奪船隻輪姦婦女
鄭四禿子等被獲正法端金隴在逃至是經委員及
營縣在江都宜陵集地方拏獲審明恭請

王命置之法奏入奉
諭端金隴與已正法之鄭四禿子等節次謀殺郝姓等船戶
十一命刦奪船隻輪姦婦女淫凶已極該犯漏網多年經
該督等委員緝獲立正典刑所辦甚好欽此其拏獲之文
武皆蒙
恩旨遇缺升用又在海州緝獲梟匪三十餘名甘泉縣沿河
地方巡獲梟犯王富林等並船四隻私鹽四百餘包
奏入奉

批所奏均悉可見卿督率認眞盡心公務文武員弁莫不用
命也可嘉之至欽此是科禮闈三兒瑞珍成進士具摺陳
謝奉
批卿子材學俱好已用庶吉士矣八月
萬壽聖節
上幸萬壽山宴七十以上十五老臣繪像玉瀾堂余得與兹
賜
御製詩有封疆重寄廉兼幹平成奏績慶河黃之句

御書壽字暨如意蟒袍珍綺等件具摺陳謝奉
批今而後更望身體康強永副委任常承恩眷卿其隨時珍
重我君臣共亯承平之福也欽此
四年甲申七十三歲蒙
恩擢授大學士加體仁閣銜向來漕船渡黃後卽將禦黃壩
堵閉以防黃水盛漲是年黃水伏汛未長清水暢出
河帥張公以河身前次積淤正資刷滌未肎卽堵不
料黃水陡長及禦黃壩堵閉而黃水倒灌已淤裏河

自是黃水接連盛漲以至漕船囘空仍屬高於清水

禦黃壩不能啓直待清水蓄高至十一月初四日始

得渡完十一日西北風大起兩晝夜不止十三日高

堰之十三堡及息浪菴兩處決口奏入十二月十四

日

欽差文汪兩尚書至新任河帥嚴公偕至傳

諭余解任魏愛軒漕帥授兩江總督星圃顏公授漕督張河

帥以不早閉禦黃壩致黃水倒灌運河又多蓄湖水

以期敵黃致湖水過盛遇風決口遣戍新疆余以不早參河帥部議革職奉

諭孫玉庭自嘉慶年間總督兩江辦理公事俱屬妥協朕親政以來授為大學士仍令管理總督事務伊亦感恩圖效數年以來整頓地方不遺餘力即如查拏鹽梟匪犯節次緝獲至數百名之多按律奏辦商民均資利益且其操守素好正己飭屬殊不愧封疆之寄本年因南河黃水驟長張文浩將禦黃壩堵遲致有高堰漫口之事孫玉庭不早

參奏貽務要工其咎實無可辭本應照部議革職姑念孫玉庭總督任內事務較繁河工究係兼轄前此參奏遲延皆由誤聽張文浩之言所致伊向來辦理地方一切均屬認眞尚不至於罷斥孫玉庭著加恩改爲革職留任八年無過方准開復並著革去太子少保銜用示朕宥過從長權衡至當之意欽此是年大兒善寶補授刑部直隸司員外郎

五年乙酉七十四歲奉

諭命余仍留清江會同漕帥催儹重運是時
欽使文汪兩公會同制軍河帥查照嘉慶十六年借黃濟運
成案入奏謂舍此之外更無別法得
旨俞允至四月漕船渡完首進其二進止餘三幫未渡計漕
米可達
天庾者三之二矣乃黃水長落無常時急時緩運河淤淺
重運不能浮送撥運亦不能行乃議製麻袋車運至
禦黃壩再以雇就之西河民船水運北上會奏得

旨兪允但餘漕尚多非西河民船所能運完漕帥查照舊案
擬暫截留存貯以待次年搭運會銜入奏
上不以爲是發交新任制軍妥議時江督以東撫琦公補授
甫經到任也余奉
命回京供職行有日矣因思漕糧屯駐過多不如將頭進回
空之船九百餘隻載運赴津可以敷用當擬定奏稿
詣琦公處與商並告以不及繕發擬於中途拜進琦
公以爲可將稿留閲録畢送還余遂行是時戶部以

漕船未全渡黃並以不行海運連章參奏余奉
旨革職而前摺遂不能再奏矣旋以運河存留之船因水小
淺閣又奏
諭旨罰余囘清江挑河比囘至袁浦湖水已長由運河滔滔
而下足以浮送重船直抵禦黃壩無須起撥蓋洪湖
上通淮源又值伏汛來源正旺自可逐漸增長也其
存駐餘漕琦公奏明即以頭進囘空之船九百數十
隻撥運至八月皆已渡黃北上運交津倉所有浮費

撥價銀兩亦經琦公議奏分爲十成擬令余賠其三
運河水已足用無庸再挑將前次酌挑抽溝之銀分
派賠繳奏入得蒙
恩允並
斥令余回籍是冬旋里自是得以伏處田間藉畢餘年皆
聖恩所賜也
六年丙戌七十五歲大兒善寶
記名以御史用三兒瑞珍散館考取一等第三試卷進呈

親閲拔置第一蒙
恩授職編修
七年丁亥七十六歲大兒善寶補授山西道御史曾孫
檝生五孫毓珠出
八年戊子七十七歲大兒善寶奉
命巡視南城三兒瑞珍蒙
恩簡放湖北副考官十二月老妻張夫人病卒兩兒聞病告
假先歸猶及侍奉湯藥也

九年己丑七十八歲秋八月葬張夫人於李家營新阡

十年庚寅七十九歲

十一年辛卯八十歲

皇上五旬萬壽余進京祝
嘏大兒服闋補授陝西道御史奉
命巡視中城旋授吏科給事中是科四孫毓淮舉於鄉余回
籍三兒隨歸請終養焉

十二年壬辰八十一歲大兒中城差滿奉

命巡視北城十二月歸自京師因余衰年多病告養例也濟
城河督署東大街道西有宅求售買之於其中擇正
廳三間以爲祀先之祠修理竣事敬移　四代神主
於新祠係遵會典辦理不能增也惟　太高祖神主
向在長房奉祀因其房湫隘移奉余家已多年矣今
因正祠後有屋三楹乃仿照古人祧室之意而變通
之春秋同致亯焉至　四代神主則係正祠永遠不
遷再有故者不得祔入後世子孫縱或貧窮亦不得

前往祠內餘房居住

十三年癸巳八十二歲曾孫楣生長孫毓湘出

十四年甲午八十三歲是歲鄉科係余前領鄉薦之年

花甲重周撫軍據以入奏奉

諭前任體仁閣大學士孫玉庭因公鐫職在籍見在年逾八

十再遇鄉科洵屬藝林盛事著加恩賞給四品頂戴准其

重赴鹿鳴筵宴以示朕嘉惠耆儒至意欽此是歲孫毓汶

生三兒瑞珍出曾孫棠生四孫毓淮出

右　府君年譜一卷自乾隆壬申年十二月起至
道光甲午年九月止皆　府君手自敘述　府君
今秋鄉科再逢蒙
恩重與鹿宴彼時　慈體康適猶如常時何意於十月
十五日忽覺肝氣不調一日未周竟於十六日丑
時長辭人世耶　府君歷事
三朝宣勤中外五十餘年人品學問及所至政績爲海內
共推者非一日一生德業豈可殫述此編所紀居

官時事成於嘉慶乙丑道光丙戌兩年皆係於數
十年後追敘已往其小者遺漏固多即事關軍
國所以弭患於未然興利於無形者亦不無缺略不
孝等屢奉　嚴命勿許再作行狀自當仰承　先
志不敢更贅一詞今即以家存底本付梓爲傳信
之書以備　史館采擇而　府君早年登第晚歲
歸田中間所歷事實亦於此可見大略云

孤哀子孫善寶瑞珍泣血謹述

賜同進士出身
誥授中憲大夫前直隸大順廣兵備道江南道監察御史
翰林院檢討年愚姪同郡李德立填諱

孫毓漢敬錄重刊

魏元曠撰

三臣傳 一卷

魏氏全書·潛園雜編本

潛園雜編

三臣傳

元戴署

萬載享祿
勳臣議華

三臣傳

南昌 魏元曠 斯逸

布倫托海辦事大臣李雲麟

李雲麟字雨蒼漢軍旗人年十八爲諸生身具異相足履正方能緣飛崖絕壁徧游五嶽大行林慮勞萊皖黃及徼外諸名山凡人迹所不到皆造巔頂俯瞰萬仞以探其奇險咸豐七年至吉安軍營曾忠襄與語大奇之使往見文正於家留旬日及行文正曰君器識閎偉必爲國任重慎毋遽出賊不足患所患在二十年後事耳以告左文襄於長沙文襄謂天下亂

已如此君尚欲待二十年後出耶使統軍遂率所部
隸將軍多隆阿攻克潛山太湖敗桐懷援賊功日著
九年駐光化縣之老河口捻酋張落刑龔瞎子率二
萬衆來犯擊卻之浙蜀交爭調其軍適鄖襄告警留
防襄樊尋丁母憂比奔喪歸而奪情之旨已兩降矣
先已被命勦賊陝南治喪畢召問方略對曰楚中援
兵恐難久倚必將調回川中將領職位較崇難於連
合且各省協餉萬不足恃度惟以川藩劉蓉任陝撫
庶有濟從之並如所策時陝南羣盜如毛雲麟攻克
山陽蔡酋向銀花峪竄去移軍勦朱家寨叛回寨在

萬山之中四壁陡絶仰攻克之鎮洵山郞四屬回皆降同治三年正月漢中賊回救金陵衆五十萬分三路東下雲麟以一軍駐紫陽遏其南路自扼石泉之饒峯嶺據中路要隘奏僧親王駐南陽裕州以待賊爲所扼果全趨北路由鎮安至商州山谷峻險野無所掠行兩月始出阻僧王邀擊之盡殪斬僞扶王陳得才多隆阿圍藍大順於盩厔被創甚重雲麟擊斬大順送其首於多隆阿軍蔡酋自銀花峪出陷楚之上津堡將由蜀河偷渡雲麟敗諸蜀河追及小心川復由興安間道擊之賊北竄大峪口陝南平雲麟自

請解軍旋授庫爾哈喇烏蘇領隊大臣五年伊犁塔爾巴哈台相繼陷命署塔爾巴哈台參贊大臣代辦伊犁將軍事時西安將軍庫克吉太督辦新疆軍務率大軍行抵歸化城有旨催雲麟督各城蒙兵候於科布多南境至呼圖古南台潰變雲麟請大軍速進古城庫克吉太本憚行奏改由甘蘭內地出關雲麟爭之不得奇古民勇聞大軍不至遂掠奪察罕古同官廠及扎哈沁游牧牲畜奔奇古北之漢三台初叛回勾結哈薩克攻塔爾巴哈台有西寧游行喇嘛棍噶扎拉參率厄魯特衆解城圍賞以固格幹扎勒參

呼圖克圖名號哈薩克攻奪厄魯特游牧地厄魯特退居科布多城中半年已供濟銀十三萬雲麟疏陳棍噶扎拉參賦性忠勇不避艱險久爲厄魯特所信服請頒呼圖克圖印信以布魯特察哈爾十蘇木之衆給爲門徒予以烏科兩城間齊桑淖爾迤東額爾濟斯河上游向爲哈薩克游牧之地厄魯特有所依歸即不須供濟彼自護游牧必與土爾扈特相結因定其年班朝覲之期使爲盟長賜以茶布烏科爲歲賜所經有警必當力顧用兵而不敢索餉宣力而不敢言功西可制哈薩克之東侵北可禦俄人之內越

章五上乃聽遂大破哈薩克逐北千餘里朝廷以人
言忌之因建布倫托海城命雲麟爲布倫托海辦事
大臣以棍噶扎拉參所統蒙兵民叚交雲麟民勇爲
亂雲麟至青格里河率伊犁衆擊定之事聞召棍噶
扎拉參至京閒住雲麟戍黑龍江後赦歸左文襄奏
赴蘭州營復副都統銜以病廢不復出娶蒙婦生一
子文襄贖歸之雲麟脩髯善飲家居恒數日乏食間
與舊部痛飲都市酒肆傭保猶稱故將軍身沒歲餘
不能舉喪門中惟妻孥三人妻亦名王女孫云
論曰左文襄稱雲麟耐勞苦性不好利有卹民之心

雖有時視事太易實不世之才嘗軍出陝南其功績
民咸稱之文襄之言足以盡雲麟矣所作復氣論達
治亂之本其在西陲思欲以一身肩其艱鉅析其盤
錯謀畫未就因以得罪惜哉即在陝南亦以負氣露
圭角致勳業不遂然後知文正之愛雲麟非文襄所
及所患在二十年後事何瞻言之遠哉

南澳鎮總兵劉永福

劉永福字淵亭廣西人旅居越南率其衆誅滅與化
宣光土匪旗幟用黑稱黑旗兵時法蘭西謀侵奪越
南為九龍之役進攻南圻永福往擊之三戰三捷乃

行成果官至三宣提督光緒九年法以大軍入西貢寇略東京永福與之數十戰斬其渠帥因檄諭黑旗將士曰本提督不過中原一武夫流寓來越荷國王殊待資以土地授以甲兵爾衆亦蒙大惠祿養有年今法逼我順化壓我都城乘喪要盟神人共憤義當疾首奮不顧身竊聞皇天無親惟德是輔聖人有訓佳兵不祥是以一戰而遠威悅授首再戰而寶滑遁逃科力不能退其兇夏文不能施其計大旗所指豈尤潛光長戈所揮淵日再起必使東京之餘孽埽蕩無遺西貢之腥聞滌除淨盡又與法酋孤拔書曰爾

邦窺伺越土輒以保護爲名試思越南自白雉入貢世爲中國藩服如須保護有中國在譬如人家子弟其寒暖痛癢自有父母調持設來一素不相識之人牽其衣裾而煦嫗之噢咻之貌似親愛中實有拐騙引誘之心矣爾邦之情何以異是爾受創於普城郭其沼君王其俘城下之盟酧金纔了不自保護而保護人詎不爲天下所笑粤自七月二十八暨八月十九等日迭創爾軍之後所以按兵不動者以天朝正在議和恐汝等藉口乃猶妄想攻打北甯覬覦桑台豈尙在夢中耶或者天牖汝衷翻然悔禍還河內南

定等城退師舟中永福當爲民惜命不爲窮寇之追并代愬天朝仍敦和好之誼若執迷不悟卽身率勁旅鄉導王師城下之日駢首誅戮毋冀漏網後以孤軍無繼退守保勝彭剛直奏使雲貴兩省接濟其軍將自由欽廉度十萬大山過五洞約岑毓英潘鼎新會永福軍收復山西北寧直搗西貢以議和撤退諒山興化軍不果越南旣棄永福來歸授南澳鎭總兵二十九年詔赴山海關上書總理王大臣曰福越南勁旅實有數萬人入關之初祇准帶一千一百人皆揀選於平日者也到粵以後頻年裁撤僅存三百人

矣今夏渡臺始招潮勇一千倭寇蓄志數十年一旦
犯我其講求有素可知已以倉卒成軍之衆當夙經
訓練之師雖名將不可言戰福在越南時有與法人
慣戰之部曲三千人及舊時有名將領數人意欲招
集扼守臺南兼援臺北商之閩督次及粤督言辭懇
切近於哀求均未允准今兩奉特旨命福北上福一
介武夫蒙皇上至優至渥之恩位至方面入關之日
卽思國家有事之秋必以死報惟成敗之機等於呼
吸擬先令臺軍內渡再回粤募舊部數營揀將領數
員請飭粤督撥銀八萬配足軍械照楚軍成例酌加

五成行糧俾踴躍入伍易於成軍惟福與北省大吏素未往來一旦銜命北征糧餉軍火奏報貽誤遲延在在可慮請歸北洋節制令各有專責乞代轉奏執政謂其有意要挾尋割臺灣以與日本永福遂罷不用

論曰予讀上總理王大臣書老謀勝算洞達情事可謂知兵矣自道咸以來但聞海警上下皆不安寢食俯首聽命惟懼不得其當黑旗獨樹威南徼泰西諸國目爲異人諒哉嗟夫數十年文武勳臣未有能爲其檄將士諭孤拔之言者亦可耻也徒以不習武臣

陋規終於擯棄散已效之干城養烏合之驕惰以是圖敵豈有聞耶

雲南提督張勳

張勳字少軒奉新人也少寒微歷行伍洊保至提督銜仍未知名自西安扈從回始見知於內廷率親軍屯午門前宿衞大軍留張家口防禦勳爲人慷慨能用財好聲色善事權貴補雲南提督不欲往假勳統東三省軍事每自領健卒冒冰雪入山谷搜勦哈爾濱鬍匪出沒俄提督不能禁請勳捕治勳約以三事一須照會二須駐軍租界三不能協同俄軍士曰汝

軍士皆與匪通者俄督之母曰軍門猶爲此言吾兒以軍門前言幾失官請册用照會勳不許錫艮督東三省以勳數離軍居京師罷之自頃武臣皆好爲邊幅勳獨坦率不加文飾避浮議旣閒住日至劇場與所識諸伶接坐出入酒肆稠廣之中聽衆屬目以是不爲士大夫重宣統三年治軍浦口革命事起武昌告陷勳率軍援安慶克之復入金陵與總督張人駿將軍鐵艮居守是時南北響應文武疆臣聽命軍士咸委城自全不戰而叛白旗徧野居市無驚九有瓦解獨金陵一城堅守不拔革命叛卒環聚而攻切齒

於勳死者大半勳守戰久軍火糧餉垂盡凡二十餘電乞濟於朝袁世凱總內閣不應最後且大加詬責勳以諸國領事言不得已護總督將軍出退至山東張人駿鐵良奔青島勳留駐兖州時齊魯苦寇盜兖州賴勳以安遜位詔下國稱共和勳擁兵兖州仍用宣統紀年服清冠服故相徐世昌受袁世凱意假觀泰山屏左右說勳曰君何不去髮辮勳曰譬之商賈肆雖閉少主人尚在終當一見少主人世昌乃不言袁雖忌之猶羈縻其軍至是勳之忠義聲威聞於天下既而粵贛湘皖革黨連盟討袁世凱欲結勳推勳

爲盟主使人陰說之勳不聽率軍下鎭江與馮國璋克金陵江南平勳始受令爲江蘇都督南京呼其軍士爲大辮子兵復以馮國璋爲江蘇都督勳爲長江巡閱使節制七省水師勳請增兵艦爲副仍屯軍徐州浦口皆許之乃受代勳自居兗州後頗折節爲學敬禮賢士痛惡新政邪說有京朝官頗稱道革命曰勳武夫麤人猶知爲悖逆公等出身甲科食君上之祿乃以革命爲是耶先是咸同功臣祠宇悉被毀奪勳上書請復其舊甲寅入都覲帝於乾清宮太妃垂涕溫慰之

論曰古稱鐵中錚錚傭中佼佼如勲者得不謂然耶初金陵新軍咸以爲隱憂大患及事變作各省軍士皆叛數十人羣集一呼如嬰兒之去土偶金陵乃爲勲固守攻戰死傷曾未生肘腋之害彼棄土之臣雖具儀秦之舌豈得自解其罪哉

鏢客王子賓瞽者王玉峯傳

王子賓鏢客也善刀槊賊中目之曰單刀王五嘗護鏢入都其人庶孽也家中陰以三千金賂五使於中道殺之旣解裝出所賂金與其人告之使毋相仇由是得義俠稱御史屠仁守以忠諫被黜將赴太原五

爲備車裝送之後安維峻戍新疆五復遣人輔至戍所且致諸行李但私於其僕討受其意而安固不知也庚子有獻攻使館之策者竊以王五名附之其書後爲敵兵所得五因及於難

瞽者王玉峯善彈三絃絕技也光緒末以其技游京師初登場撥絃發聲金鼓鏗鍧疾徐間作未有能辨其爲絃聲也者次乃入曲則胡琴拍板歌調之音高下宛轉並出於絃中其歌調必摹時諸名優皆逼眞其人至合唱之曲調合而音各爲異者仍朗然一一可辨聞爲軍樂則軍士數十自遠漸近沓踏而至步

伐進退悉與鼓笛軍歌口號相應其紘從心變化至不可思議玉峯技雖神出入諸貴人宅然未嘗一日供奉內廷日者過禁城值毀大清門聞之哭而歸遂臥不起越三日卒

論曰國命改革後皇室宗親未失舊富乃有王貝勒之優場酣歌相樂舊爲其僚司及僕隸走卒皆得購券分棚席而觀焉玉峯何人而有慟毀國門之一哭也王五死於非命惜已其敬忠慕義非苟近俠吾友謂朱家郭解之流似未爲深知五者予嘗欲介蕭耐菴訪之不果玉峯之技聞別有以文傳之者

朝鮮義士傳

義士安重根韓之鄙人也日本明治致强以伊藤侯爵功爲首併滅朝鮮伊藤爲總監虐韓特甚宣統改元伊藤欲乘時奮其大志先與俄結好俄使戶部大臣會之於哈爾濱伊藤過奉天見中國諸大吏皆傲視並厲聲曰汝支那不足立國伊藤至哈爾濱俄陳兵車下伊藤下車俄大臣與之比肩行未數武義士手鎗自俄兵士後射擊之血濺左右義士棄鎗仰天大呼曰吾韓萬歲吾國王萬歲遂就執伊藤旋死

論曰公法稱國事犯者以其爲國復仇故所至之國

得以庇之天下之忠一也若義士是矣顧以弒逆作亂者當之假其名以誣人國之制奚可哉伊藤不死禍未可知遼瀋猶存義士一擊之力功施蓋及於中國也

三臣傳終

國朝河臣記 一卷

周馥撰

周愨慎公全集·河防雜著本

國朝河臣記　全集八之四

秋浦周馥玉山甫纂　男學淵 學熙 學煇 孫明焯校字

河之南合於淮泗也始於宋宋時府州長吏兼河隄使通判兼河隄判官有都水監有外都水監有都水提舉有修河司金府州長貳提舉河防縣長貳勾管河防又有巡河官埽官皆屬州縣元泰定二年立行都水監於汴梁至正六年又立行都水監於鄆城爲總治河防使此治水專官之始明初以降成化七年有總理河道官八年裁正德三年設總理河道侍郎四年設總督河道漕運官旋裁隆慶四年總理河道官加提督軍務兩直隸山東河南有河地方兵備道俱屬焉萬歷六年裁總理河道總督漕運而設總理河漕官蓋以一人而兼其事也七年給山

東河南北直南直巡撫專敕管河道以漕運兼河道十六年復設總督河道官駐濟甯二十六年又并總理河漕三十年河漕始分三十三年以後稱總理河道亦稱總督河道天啟七年以中官總河漕 國朝順治時河道總督駐濟甯康熙十七年移清江浦二十七年復移濟甯州以侍郎開音布徐廷璽協理駐清江浦三十一年總河又移清江浦三十九年裁協理四十四年山東河道交巡撫管理雍正二年設副總河於武陟三年以兩廣總督孔毓珣協理江南河道又以前總河靳輔子參領靳治豫晉工部侍郎爲協理五年以副總河管山東河南河務六年清江有侍講學士西柱內閣學士尹繼善僉都御史徐承恩協理協辦又靳治豫與奉天府丞黎致遠同時在工襄辦七年分設江南河道總督駐清江浦改副總河爲山東河南河道總

督駐濟甯州八年設直隸河道水利總督駐天津曰北河總督治山東河南者曰東河總督治江南者曰南河總督是爲三河而時設協理副總河及學習人員無定數焉張師載協辦河務改直隸河督事歸地方總督管理並支總河養廉後兩江總督總理南河其山東河南巡撫亦兼河務嘉慶十年南河左營改徐州鎮仍聽總河節制道光二年巡漕御史裁六年十二年簡
京官五品以下赴東河南河學習此其大略也治河之官惟
國朝爲密蓋以漕運爲重勢不得不然也而遇合龍大工臨時檢派者或多至二三百員不能記述仰見　列聖治水憂勤之意超越前古已茲編僅就黟縣俞理初孝廉癸巳類稿補輯之俾後之人有所考證焉

順治元年

楊方興駐濟甯州明廣甯生員歸　國朝隸鑲白旗漢軍爲
河督時屢爲臺諫所劾至十四年引年乞休加太子太保
予告康熙四年卒賜祭葬如禮

順治二年

楊方興

順治三年

楊方興

順治四年

楊方興

順治五年

楊方興

順治六年

楊方興

順治七年

楊方興

順治八年

楊方興

順治九年

楊方興

順治十年

楊方興

順治十一年

楊方興

順治十二年

楊方興

順治十三年

楊方興

順治十四年

朱之錫字夢九號梅麓浙江義烏人進士年四十二以勞績薨著有寒香館河防疏鈔康熙十二年請封部駁乾隆四十五年追封助順永甯侯又敕加佑安

楊方興七月予告　朱之錫授

順治十五年

朱之錫

順治十六年

朱之錫

順治十七年

朱之錫四月假　楊茂勳署鑲紅旗漢軍監生　苗澄署

朱之錫十二月回任

順治十八年

朱之錫

康熙元年

朱之錫

康熙二年

朱之錫

康熙三年

朱之錫

康熙四年

朱之錫

康熙五年

朱之錫二月薨　盧崇峻鑲黃旗漢軍官學生　楊茂勳

康熙六年

楊茂勳

康熙七年

楊茂勳

康熙八年

楊茂勳　羅多

康熙九年

羅多

康熙十年

羅　多二月調　王光裕

康熙十一年

王光裕

康熙十二年

王光裕

康熙十三年

王光裕

康熙十四年

王光裕

康熙十五年

王光裕

康熙十六年

靳　輔字紫垣遼陽人著有治河方略任河督十年其機要大抵本於潘季馴束水攻沙之旨先後任河事十六年卒謚文襄又二十年贈宮保賜世職王詒上云公曾與漕帥相訐告被謫爲安東長樂司巡檢到官一月復任總河康熙二十六年與于成龍議不合劾公破冒錢糧成龍被逮公亦赴質隨復任又以開屯事爲慕天顏所劾天顏罷去公又復任屢遇坎軻天卒全之惟自反而縮也

王光裕二月以河湖漫口革職勘問　靳輔授

康熙十七年

靳　輔

康熙十八年

靳　輔

康熙十九年

靳輔

康熙二十年

靳輔

康熙二十一年

靳輔

康熙二十二年

靳輔

康熙二十三年

靳輔

康熙二十四年

靳輔

康熙二十五年

靳　輔

康熙二十六年

靳　輔

康熙二十七年

十七年總河移清江浦二十七年仍移濟甯初有南北中三分司部員十七年二月裁撤其河道工程委該地方監司府佐貳管理

靳　輔三月罷　王新命四川三臺人隸鑲黃旗漢軍筆帖式

康熙二十八年

王新命

康熙二十九年

王新命

康熙三十年

王新命

康熙三十一年

王新命二月罷　董訥署平原人進士　靳輔十一月卒

于成龍鑲黄旗漢軍廕生謚襄勤祀賢良祠

康熙三十二年

于成龍

康熙三十三年

于成龍

康熙三十四年

八月馮佑協理　于成龍八月丁艱　董安國授

康熙三十五年

董安國

康熙三十六年

董安國

康熙三十七年

董安國七月罷　于成龍

康熙三十八年

有協理河務府尹徐廷璽江蘇巡撫宋犖郎中朱成格員外郎赫韶瑟登德費揚古張文端任總河奏其無用撤回

于成龍

康熙三十九年

于成龍三月卒　徐廷璽署　張鵬翮

康熙四十年

張鵬翮字運青四川遂甯籍湖北麻城人進士大學士年七
十七卒謚文端

康熙四十一年

是年劾力內閣學士張榕端侍講張希良侍讀史夔左諭德
鄭開吉少詹事邵遠平工部郎中丁易王晉輯員外達古
禮王登魁刑部主事程兆彪內閣中書楊守知楊穆中書
科中書張伯行

張鵬翮

康熙四十二年

張鵬翮

康熙四十三年
張鵬翮
康熙四十四年
張鵬翮
康熙四十五年
張鵬翮
康熙四十六年
張鵬翮
康熙四十七年
張鵬翮
康熙四十八年
張鵬翮十一月內遷　趙世顯

康熙四十九年
趙世顯
康熙五十年
趙世顯
康熙五十一年
趙世顯
康熙五十二年
趙世顯
康熙五十三年
趙世顯
康熙五十四年
趙世顯

康熙五十五年

趙世顯

康熙五十六年

趙世顯

康熙五十七年

趙世顯

康熙五十八年

趙世顯

康熙五十九年

趙世顯

康熙六十年

四月　上命吏部尚書張鵬翮陳鵬年往勘太行隄八月

欽差都御史牛鈕翰林侍講齊蘇勒堵築漫口

趙世顯十一月以屬員許罷　陳鵬年署字北溟別字滄洲

湖南湘潭人進士年六十一以憂勞卒謚恪勤祀賢良祠

康熙六十一年

陳鵬年

雍正元年

六月　命兵部侍郎嵇曾筠料理河務並察賑災民

陳鵬年正月卒　齊蘇勒署尋授字篤之正白旗滿洲官學

生年六十餘以勞病卒謚勤恪祀賢良祠

雍正二年

四月　命兵部侍郎嵇曾筠爲副總河駐劄武陟縣專管河

南河務

河督齊蘇勒

副總河嵇曾筠字松友號禮齋江蘇無錫籍長洲人進士官

至大學士謚文敏祀賢良祠著有河防奏議

雍正三年

六月　命廣督孔毓珣協辦朱家海決口工十二月　命工

部侍郎嵇治豫協理江南河務

河督齊蘇勒

副總河嵇曾筠

雍正四年

齊蘇勒是年十二月　上諭加太子太傅

嵇曾筠

雍正五年

正月副總河兼河南山東河務

齊蘇勒

嵇曾筠

雍正六年

正月　命侍讀學士西柱協理江南河務四月　命內閣學士尹繼善協理江南河務五月　命左僉都御史徐湛恩協理河南河務七月　命靳治豫與奉天府丞黎致遠專司稽察之責

齊蘇勒

嵇曾筠

雍正七年

三月副總河裁設河南山東河道總督一員駐濟甯州江南

河道總督一員駐清江浦五月徐湛恩擢內閣學士仍協理河南

齊蘇勒二月卒　尹繼善署字元長晚號望山滿洲鑲黃旗進士大學士謚文端

江南河道總督孔毓珣三月調十月任曲阜人恩貢生謚溫僖

河南山東河道總督嵇曾筠三月以副總河改授

雍正八年

九月僉都御史銜朱藻協理河務

南河孔毓珣四月卒　嵇曾筠署

東河田文鏡署監生本正藍旗漢軍後擡入正黃旗謚端肅

沈廷正十月補鑲白旗漢軍筆帖式

雍正九年

九月設東河副總河

南嵇曾筠

東沈廷正九月調任　朱藻授

副高　斌九月授滿洲鑲黃旗大學士爲河督時三經部議

革職皆奉　恩旨留任後復以失覺屬員虧帑事革職效

力縛赴斬李焞處目覩行刑再行釋放卒追念舊勳謚文

定祀賢良祠

雍正十年

南嵇曾筠

東朱　藻

副高　斌三月調　孫國璽爲東副十一月調　阿蘭泰爲

東副

雍正十一年

十一月派部院賢能司官二員往南河學習河務酌量委辦
估工查料等事以二年爲期或咨回本任或保留題補

南嵇曾筠十二月丁艱在任守制　高斌署

東朱　藻

副阿蘭泰

雍正十二年

南高　斌署　嵇曾筠在任守制

副白鍾山正藍旗漢軍官學生爲河督時曾爲御史參奏革
職鈔寄頓財產後復起用卒謚莊恪賜祭葬

東朱　藻十二月調　白鍾山授

副阿蘭泰十二月罷　劉勷授

雍正十三年

十二月　命大學士嵇曾筠總理浙江海塘工程

南高　斌十二月授

副劉永澄

東白鍾山

副劉　勷

乾隆元年

十一月罷河東副總河不設

南高　斌

副劉永澄十一月遷　德爾敏授

東白鍾山

副　劉　勷十一月調任

乾隆二年

南　高　斌

副　德爾敏

東　白鍾山

乾隆三年

南　高　斌

東　白鍾山

乾隆四年

二月　命大學士公鄂爾泰閱視江南河工

南　高　斌

東　白鍾山

乾隆五年

南高　斌

東白鍾山

乾隆六年

二月　命完顏偉爲江南副總河

南高　斌八月調直督　完顏偉授

副完顏偉鑲黃旗滿洲筆帖式

東白鍾山

乾隆七年

三月　命刑部侍郎周學健查辦江南水利工程　是年冬

命大學士陳世倌與周學健勘兩江河工水利

南完顏偉十二月調東河

東白鍾山十二月調南河

乾隆八年

二月 命尹繼善署兩江總督協理河務

南白鍾山

東完顏偉

乾隆九年

四月 命吏部尚書公訥親查江南河務會同署總督尹繼善總河白鍾山徧歷河湖通籌全局

南白鍾山

東完顏偉

乾隆十年

南白鍾山

東完顔偉

乾隆十一年

三月 命協辦大學士高斌尹繼善查辦白鍾山駁減需索

漫口衝刷等款

南白鍾山閏三月以陳家浦衝刷淹沒坐革職 顧琮署鑲

黃旗滿洲監生 周學健九月授新建人進士

東完顔偉

乾隆十二年

南周學健

東完顔偉

乾隆十三年

十二月以高斌查辦周學健家產徇私瞻顧革去大學士仍

留河道總督

南周學健閏七月革任　命大學士高斌兼管八月　命倉

場侍郎張師載赴江南學習河務

乾隆十四年

南高　斌　學習張師載

東顧　琮

乾隆十五年

南高　斌　張師載是年　命協辦江南河務

東顧　琮

乾隆十六年

南高　斌三月仍以大學士銜管江南總督事

協張師載三月調安徽巡撫伏秋六汛仍協同防護

東顧　琮

乾隆十七年

南高　斌

東顧　琮

乾隆十八年

南高　斌七月富勒赫以布政使學習河工參河務弊竇奏

上諭高斌張師載俱著革職留工　命策楞署　尹繼

善以劣員侵帑悮工部議革任　命寬免九月尹繼善授

協白鍾山十月　命加按察使銜協理南河

東顧　琮

乾隆十九年

南尹繼善

協白鍾山

東顧　琮三月因南河任內浮費工銀革職　白鍾山授

乾隆二十年

南尹繼善　富勒赫署

東白鍾山

乾隆二十一年

是年秋銅山孫家集漫口刑部尚書劉統勳查參不能預防

之咎奉　硃批富勒赫著嚴加議處

南富勒赫十月罷　劉統勳署諸城人進士大學士謚文正

愛必達鑲黃旗滿洲生員

乾隆二十二年

南白鍾山正月調

副嵇　璜正月設字尚佐一字黼庭無錫人進士大學士謚
文恭文敏子
東張師載正月調儀封人舉人蔭生謚愨敬
乾隆二十三年
南白鍾山
副嵇　璜三月內用　命安徽巡撫高晉協理鑲黃旗滿洲
大學士謚文端文定姪
東張師載
乾隆二十四年
南白鍾山
東張師載
乾隆二十五年

移清河縣治清江浦
南白鍾山
東張師載
乾隆二十六年
七月 命大學士劉統勳大學士公兆惠會同堵築曹縣十四堡等處漫口又 命倉場侍郎裘曰修會同巡撫常鈞查勘賑恤
南白鍾山三月卒 高晉署尋授
東張師載
乾隆二十七年
南高晉
東張師載

乾隆二十八年

南高　晉

東張師載十一月卒　葉存仁授江夏人監生

乾隆二十九年

四月棄雲梯關外隄

南高　晉

東葉存仁六月卒　李宏授

乾隆三十年

諭河南按察使何煟兼管豫省南北岸工程　是年江蘇巡

撫明德亦協理河務

南高　晉四月調兩江總督仍總理河務　李宏調授

東李　宏四月調南河　李清時授

乾隆三十一年

十月　命裘曰修高恆查勘淮徐支河各隄

南李　宏

東李清時

乾隆三十二年

南李　宏

東李清時七月卒　嵇璜授

乾隆三十三年

南李　宏

東嵇　璜九月內遷　吳嗣爵授錢塘人進士

乾隆三十四年

南李　宏

東吳嗣爵

乾隆三十五年

南李宏

東吳嗣爵

乾隆三十六年

南李宏八月卒　吳嗣爵調補

東吳嗣爵調補　姚立德補授錢塘人

乾隆三十七年

南吳嗣爵

東姚立德

乾隆三十八年

南吳嗣爵

東姚立德

乾隆三十九年

九月江南黄河老壩口漫溢　諭大學士舒赫德往會辦十

月定銷六賠四總河督撫分數

南吳嗣爵

東姚立德

乾隆四十年

南吳嗣爵

東姚立德

乾隆四十一年

南吳嗣爵三月內遷　薩載署

東姚立德

乾隆四十二年

南薩　載

東姚立德

乾隆四十三年

南薩　載

東姚立德

乾隆四十四年

正月兩江總督高晉卒謚文端　命大學士阿桂往河南儀封工查勘堵築並善後事宜十一月　命侍郎德成赴河南漫工閱視旋令回京

南薩　載正月　命爲兩江總督　李奉翰署尋授正藍旗漢軍監生前河督李宏子

東姚立德四月革任　袁守侗授長山人監生十一月調直
隸總督　陳輝祖授

乾隆四十五年

南李奉翰二月調東十二月仍任南
東陳輝祖二月調南又十二月調任　韓鑅署尋授畢節人
貢生

乾隆四十六年

九月　旨阿桂駐工督辦青龍岡堵築事宜　是年嵇璜奏
令黃河仍歸故道四十七年查河源是年四月因青龍岡
引河經考城縣城南籌議遷移至四十九年興築於北六
十餘里之堌陽本儀封地也
南李奉翰

東韓　鑅

乾隆四十七年

南李奉翰

東韓　鑅七月丁艱　何裕城授靖州人

乾隆四十八年

南李奉翰三月兼署東河

東何裕城三月調河南巡撫　蘭第錫永定河道升吉州人

舉人

乾隆四十九年

是年睢州二堡漫口　命阿桂前往督辦堵築

南李奉翰

東蘭第錫

乾隆五十年

二月工部奏分賠漫工銀兩奉　上諭此案韓鑅著加恩免其十分之七　八月黃水倒漾清口淤平　命阿桂查勘降李奉翰三品頂戴

南李奉翰

東蘭第錫

乾隆五十一年

南李奉翰

東蘭第錫

乾隆五十二年

南李奉翰

東蘭第錫

乾隆五十三年

南李奉翰

東蘭第錫

乾隆五十四年

南蘭第錫三月調　康基田先行署理興縣人進士

東李奉翰三月調

乾隆五十五年

六月　命侍郎韓鑅幫辦南河河務

南蘭第錫

東李奉翰

乾隆五十六年

南蘭第錫

乾隆五十七年

東李奉翰

南蘭第錫

乾隆五十八年

東李奉翰

南蘭第錫

乾隆五十九年

東李奉翰

南蘭第錫

乾隆六十年

東李奉翰

南蘭第錫

東李奉翰

嘉慶元年

山東布政使康基田幫辦南河工程

南蘭第錫

東李奉翰

嘉慶二年

南蘭第錫十二月卒　康基田授

東李奉翰九月授兩江總督仍兼管南河　康基田尋調南

司馬騶授江甯人監生以河工漫口籍没家產

嘉慶三年

五月　欽差大學士劉墉尙書慶桂查勘曹汛漫工

南康基田

東司馬駒

嘉慶四年

四月江督費淳更議南河總理條款江甯布政使孫日秉奏

河工不得派地方官

南康基田

東司馬駒三月卒　吳璥授號菘圃錢塘人進士大學士前

河督嗣爵子

嘉慶五年

南康基田二月以失火延燒大壩革任　吳璥調補

東吳璥二月調南　王秉韜授鑲黃旗漢軍舉人

嘉慶六年

南吳璥

東王秉韜

嘉慶七年

南吳　璥

東王秉韜七月卒　嵇承志授無錫人舉人文敏姪孫文恭姪

嘉慶八年

南吳　璥

東嵇承志

嘉慶九年

南吳　璥十二月病　徐端授號心如浙江德清縣舉人著有安瀾迴瀾紀要切中機宜發前人所未發聞爲吳菘圃璥相國所薦後任南河嘉慶十五年江督松筠奏參海口

不應裁灣取直使上游漫口端奏係遵 聖諭辦理挑直

勢順奉 旨飭松筠不得干涉河務機宜只准幫同催料

調員諸事閱三月奉 特旨徐端不勝河督之任著革職

仍留工次督辦義壩及一切緊要工程以觀後效以後僅

隨辦大工未授督河任

東嵇承志四月內遷 徐端十二月調南 李亨特授正藍

旗漢軍監生前河督李宏之孫奉翰之子

嘉慶十年

南徐 端

東李亨特

嘉慶十一年

設南河副總河

南徐　端六月改副　戴均元授大庾八進士大學士

副徐　端六月改授

東李亨特四月革任　吳璥授

嘉慶十二年

南戴均元

副徐　端

東吳　璥

嘉慶十三年

議補還雲梯關外大隄

南戴均元三月病　徐端調授

副徐　端三月調　那彥成授謚文毅正白旗滿洲進士

東吳　璥六月內還　馬慧裕授

嘉慶十四年

南徐　端正月以荷花塘漫工復堨降副　吳璥授

副那彥成正月亦因漫工復堨著往新疆換班

東馬慧裕七月調漕督　陳鳳翔授崇仁人監生由永定河道升後調南河嘉慶十六年王營減壩漫水未請處分奉旨嚴議後因李家樓縣拐山兩處漫口摘頂留任十七年江督百齡參奏其遲堵禮壩過洩湖水貽悞全河革職枷號四箇月十二月　欽差松筠初彭齡往江南查訊陳鳳翔陳訴各款百齡以核奏不實降二品頂戴革太子少保陳鳳翔戍烏魯木齊

嘉慶十五年

補還雲梯關外南北大隄兩江總督松筠請引沁水至汶口

覆查沁本入河不可入衞八月　欽差尙書馬慧裕督辦
修復海口工程
南吳　璥八月病　徐端授十一月　上諭有不勝河督之
語時人疑爲江督松筠所參　蔣攸銛授鑲藍旗漢軍進
士大學士十二月回浙撫任　陳鳳翔授
副徐　端八月調南副總裁缺
東陳鳳翔十二月調南　李亨特授

嘉慶十六年

南陳鳳翔
東李亨特

嘉慶十七年

南陳鳳翔時爲江督百齡所參是年八月革職枷號　黎世

序署羅山人進士有專祠謚襄勤十二月入覲　初彭齡

暫署

東李亨特

嘉慶十八年

九月命湖南巡撫廣厚赴工會同妥辦睢州二堡漫溢隄

工

南黎世序

東李亨特九月以睢州下汛漫口革職効力　戴均元授

嘉慶十九年

南黎世序

東戴均元正月內遷　吳璥授

副李鴻賓五月設德化人進士

嘉慶二十年

八月 命侍郎那彥寶赴睢工督辦堵築事宜

南黎世序

東吳 璥正月內遷 李鴻賓署五月乞養 李逢亨授

副李鴻賓正月署東缺裁

嘉慶二十一年

南黎世序

東李逢亨十一月以不諳河務回永定河道任 葉觀潮授

閩縣舉人至嘉慶二十四年七月南岸儀封蘭陽兩汛漫口革任効力復因北岸馬營漫口奉 旨在北岸工次枷號俟工竣又在南岸工次枷號並飭措交銀兩辦工十月因李鴻賓告退復宥罪回任嘉慶二十五年三月馬營合

龍下游儀封三堡又漫口復革職効力

嘉慶二十二年

三月大挑舉人知縣揀分三河四省借補分汛佐貳以知縣

本銜升轉入則例

南黎世序

東葉觀潮

嘉慶二十三年

南黎世序

東葉觀潮

嘉慶二十四年

十月 命大學士戴均元侍郎那彥寶查勘河南漫口情形

十一月 命侍郎文孚查勘馬營壩引河督催工料

南黎世序
東葉觀潮八月革任　李鴻賓授十月自陳不勝河督之任
降郎中留工經理錢糧葉觀潮授

嘉慶二十五年

是年三月儀封三堡復刷成漫口奉　上諭吳璥革去太子少保銜以協辦大學士吏部尚書署河東河道總督那彥寶革去都統降補內閣學士署河南巡撫均撤回前得議敘葉觀潮革任留工效力琦善革去巡撫賞給主事銜

南黎世序
東葉觀潮三月革任　吳璥署時奉　差南河　張文浩署會稽八監生以運河道署至道光四年因風暴掣塌高堰石工　欽差文孚汪廷珍奏參奉　旨革職枷號一箇月

戍伊犁不准留養

道光元年

南黎世序

東張文浩丁艱　姚祖同署錢塘舉人前河督姚立德之子

道光二年

南黎世序

東嚴烺

道光三年

南黎世序

東嚴烺

道光四年

南黎世序卒　張文浩十二月罷因風暴掣塌高堰石工革

職枷號戍伊犂不准以該督之父年逾八旬留養時江督
孫玉庭亦因是案解任專督漕運引黃濟漕淤澀不通復
奉
嚴旨賠費
道光五年
南嚴　烺
東張　井
道光六年
設南河副總河
南嚴　烺三月調東
副潘錫恩四月授涇縣人進士
東張　井三月調南
道光七年

南張　井

副潘錫恩

東嚴　烺

道光八年

南張　井

副潘錫恩

東嚴　烺

道光九年

裁南河副總河

南張　井

副潘錫恩四月丁艱裁撤

東嚴　烺

道光十年

南張　井

東嚴　烺

道光十一年

南張　井

東嚴　烺十月病　林則徐候官人進士

道光十二年

閏九月　諭內閣翰詹六部都察院各保送一員引見發東河南河學習二年爲期由河督分別送部引見及咨回本任每兩年揀派一次大挑試用照舊例

南張　井

東林則徐二月調　吳邦慶霸州人進士

道光十三年

正月派京員徐法績盧毓嵩德克金布往東河朱襄曾錫恩

何俊黄世銘往南河交總河差遣委用

南張　井三月病　麟慶鑲黄旗满洲進士回京持服張井

九月署　麟慶

東吳邦慶

道光十四年

南麟　慶

東吳邦慶

道光十五年

南麟　慶

東吳邦慶　栗毓美字友梅山西渾源州貢生謚恭勤加封

道光十六年

南麟　慶

東栗毓美

道光十七年

南麟　慶

東栗毓美

道光十八年

南麟　慶

東栗毓美

道光十九年

南麟　慶

東栗毓美

道光二十年

南麟　慶

東栗毓美

道光二十一年

南麟　慶

東文　沖滿洲人由永定河道升以祥符上汛漫口革職枷示河干

道光二十二年

南麟　慶九月以外廳決口去官十月授　潘錫恩安徽涇縣進士去官十餘年卒後追謚文慎

東文　沖

道光二十三年

南潘錫恩

東

道光二十四年

南潘錫恩

東慧成滿洲人以中牟下汛九堡漫口革職枷示河干

道光二十五年

南潘錫恩

東

道光二十六年

南潘錫恩

東

道光二十七年

南潘錫恩

東

道光二十八年

南潘錫恩

東

道光二十九年

南潘錫恩九月因病請開缺授楊以增

東徐澤醕漢軍正藍旗人署旋授顏以煜

道光三十年

南楊以增山東進士

東顏以煜廣東連平舉人

咸豐元年

南

東 顔以煜

咸豐二年

南

東 顔以煜六月病故汴撫陸應穀兼署旋授慧成又授福濟

咸豐三年

南

東 長臻內務府廂黃旗人四月任

咸豐四年

南 庚長

東 長臻五月病故

咸豐五年

南

東李鈞直隸河間進士七月任

咸豐六年

南

東

咸豐七年

南

東

咸豐八年

南

東

咸豐九年

南

東黃贊湯字莘農江西進士

咸豐十年

是年六月奉　旨江南河道總督一缺著即裁撤其淮揚淮海兩道亦即裁撤淮徐道改爲淮徐揚海兵備道江北鎭道以下各員均歸漕運總督節制

南

東

同治元年

南

東譚廷襄字竹崖浙江人八月任

同治二年

南

東

同治三年

南

東鄭敦謹湖南人十月任

同治四年

南

東張之萬直隸南皮進士四月任

同治五年

南

東蘇廷魁字賡堂九月任

同治六年

南

東

同治七年

南

東

同治八年

南

東

同治九年

南

東

同治十年

南
東喬松年山西進士十一月任
同治十一年
南
東
同治十二年
南
東
同治十三年
南
東
光緒元年

南

東錢鼎銘字調甫江蘇舉人二月兼任四月授曾國荃

光緒二年

南

東曾國荃湖南人旋改授李鶴年奉天進士

光緒三年

南

東李鶴年

光緒四年

南

東

光緒五年

南

東

光緒六年

南

東

光緒七年

南

東梅啟照江西人

光緒八年

南

東

光緒九年

南

東慶　裕

光緒十年

南

東成　孚

光緒十一年

南

東

光緒十二年

南

東

光緒十三年

南

東

光緒十四年

南

東李鴻藻直隸高陽進士時以欽差督辦鄭工暫署旋授吳

大澂江蘇吳縣進士

光緒十五年

南

東吳大澂

光緒十六年

南

東許振禕江西新建進士

光緒十七年

南

東

光緒十八年

南

東

光緒十九年

南

東

光緒二十年

南

東

光緒二十一年

南

東

光緒二十二年

南

東任道鎔江蘇宜興人

光緒二十三年

南

東

光緒二十四年

南

東

光緒二十五年

南

東

光緒二十六年

南

東

光緒二十七年

南

東錫　良旗人

光緒二十八年

南

東張人駿字安圃直隸豐潤進士是年東河督缺裁撤河工

光緒二十九年 歸河南巡撫兼管

南

東

光緒三十年

南

東

光緒三十一年

南

東

光緒三十二年

南

東

光緒三十三年

南

東

光緒三十四年

南

東

宣統元年

南

東

宣統二年

南

東

宣統三年

南

東

徐建生編

壽考附錄 一卷

彊本堂彙編本

彊本堂彙編

壽考附錄 一卷

石埭徐建生笠

壽言類

馮國璋等序文

遷史稱咸陽孔僅之屬言利事析秋毫故其時民不加賦而天下用饒劉晏知此意而唐國用賴以裕伊古以來理財尚矣天下命脉之所繫繫於一二理財者之手斯事重大天必以畀人任之以予所見劭吾先生者多足稱焉先生善綜覈能斷事事至立决可否不翕翕附權貴初官黔以聽斷著稱先後破奇案無數教民盧復生彼懲大吏惴惴惟外人責言是恖先生曰吾治吾民耳何恖為黔旱先生以聞於朝大吏怒民恐為官累爭納稅不數月稅集

田其嘴者匄衆橫行婺川北鄉間莫能獲先生至貰其死田感恩泣涕出死力扞鄉里以報先生曰孰謂民不可教者吾釋一田其嘴而北鄉數十里間無盜孰謂民不可教者黎平鄉民欲集衆三萬謀變先生度其僞禽爲歌謠者數人衆立散茲數事者既彰彰在人耳目黔人士皆津津樂道之其後晋秩知府將乞歸中丞王公留之堅以先生廉介令提調黔鹽局事而先生理財之聲乃大著黔鹽任事者多杭弊蒙蔽爲奸欺又荒職嬉恬不爲怪先生既蒞事明賞罰定功罪剔抉爬梳内外井井期年核各局所入視原額倍之是時總督被劾王公屬先生會臬司陰往廉其實他吏知其事者皆謂事未易遽發先生曰是非關天下吾不忍媚總督欺天下人耳目吾此行誓必盡厥職既微服至滇削稿彰總督罪知權終不敵乃力求去以道員官江南江南鹽積弊視黔尤甚時建

德周公方督兩江先生受密語潛廵適大河口司役横征無狀詰之為所窘既出險乃以狀白周公周公怒斥局員懲窘先生者數人商民大悅周公以先生善理財委辦金陵釐局畀專責屬毋辭勞怨先生手訂定章恤困獎勤歲收入增數十萬自曾文正設釐以後未有若斯之盛者逾年調辦皖岸督銷局銷額向不及九萬引先生申明約束乃增萬數千引未幾周公移粤繼任者為溧陽端氏周公行欲先生與俱而端氏聞先生名不令去亦以財政任先生然往往外譽而陰忌之先生以剛直齟齬忤端氏竟辭去是時合肥李公仲宣方督滇促先生往而度支部尚書堅約赴京議鹽政先生條陳數十事多許可委清理兩淮鹽政鹽棧銷額增至六十餘萬引先生理財時人皆自以為莫能及也辛亥以後先生居海上日以書史自娛而建德周公緝之總財政强先生入京先

生顧澹泊不樂任事止為中國銀行監理官及財政部鹽務顧問久之周公去先生益不樂與年少浮靡者處復歸海上竊念吾國財政竭蹶久矣不數年間人屢易矣自義兵勃興海内外潛姦巨憝倡為邪言異說因以摇惑衆聽據城邑刦珍寶事敗挾貲以去今倉庫城郭不充實民多貧盜賊衆非有以安集之而使之自給其禍將伏於隱微而不可救夫知民貧而誅求過動危之而辭位將安歸難乎往者周公總財政行一事惟先生是咨發一言惟先生是從是周公所規畫得先生力為多今周公復出先生宜有以贊助之使周公久於其位則吾國財政可得而理先生壽六十精力過人更事日以深吾國財政之利弊固已爛熟於胸中矣天下人士方相與以手加額祝先生之壽且康而因以慶財政之得人也勳一位陸軍上將宣武上將軍督理江蘇全省軍務愚弟馮國

璋敬撰三等文虎章金陵道尹兼宣武上將軍府諮議廳長受業
胡嗣瑗敬書勳一位陸軍上將定武上將軍長江廵閱使兼武衛
前軍軍統愚弟張勳三等嘉禾章甌海道愚弟陳光憲三等嘉禾
章湖南財政廳長兼長沙關監督愚弟陶思澄陸軍中將三等嘉
禾章宣武上將軍府行營軍械處處長兼江蘇硝磺總局製造局
火藥局局長愚弟王者化宣武上將軍府軍事顧問定武上將軍
武衛前軍營務處處長鄉愚弟潘學祖江北營務處鄉愚弟黄書
霖宣武上將軍軍政執法處署江甯縣知事鄉愚弟吳其昌五等
嘉禾章六等文虎章署江部縣知事晚生周光熊四等文虎章東
海釐捐總局局長姻愚弟曹杰四等嘉禾章甯皖中國銀行行長
愚弟談荔孫江蘇任用知事金陵上新河木釐總局局長晚生姚
炳熊浙江任用知事金陵製造局副官愚弟夏仁溥儀徵淮鹽總

棧救生局局長晚生黃金勝阜甯蘆捐總局局長晚生甘鴻猷大通蘆捐總局局長姻世愚姪劉慎詒江甯下關警察署長愚姪佘家謨靖江縣警務長姻姪任士元江蘇硝礦總局副局長愚弟吳家修副官曹振常松滬蘇常緝私正辦曹琡財政部江南造幣分廠總務科長晚生張蔭枏化驗科長愚弟唐寶鎬焦桐晚生姚紀衡譚大本耿朝泰煤炭所科員鄉愚姪楊桂芬江甯省立第一醫院庶務長愚姪吳福康江甯警備隊稽查員兼馬路工程處稽查員愚弟黃家偉江甯商會總理鄉愚弟蘇錫岱儀徵商會總理晚生吳福基皖岸榷運局顧問兼文案事宜晚生陳梧皖岸官運運鹽委員徐寅儀徵淮鹽總棧押運委員晚生吳學文儀徵淮鹽總棧警察局總務科員晚生陸裕沅大通楚西掣驗局掣鹽委員晚生傅章貴烟愚弟劉永澤單師玉鄉愚弟童章雲愚弟何子良姻

姪劉秉鈞鄉愚姪胡維藩晚生章心培陳壽鴻成邦藩李令先朱
寶森甯齊一查秉鈞張崇德葉先謙王鏞佘椿壽崔葆楨徐桐標
同敬祝
歲次旃蒙單閼桐月　　　　　　　　　　　　　　　　　　穀旦

趙芾序文

曩清季光宣間嚴範孫尚書視學貴州歸則曰今黔中廉直吏莫逾石埭陳先生者其殫心平讞雖古善聽訟者無以逮也既以語中朝士大夫且嘗為鄉人述焉洎先生為藜平守往案滇事不阿長官旨大吏日相漢思有以中之竟不得纖毫私於是先生浩然歎曰黃山九華間天下山水清絶處也余歸卧是中足矣豈以一官而枉吾直哉於時海内士君子莫不譽歎及先生復以四品卿銜起為湖南監理財政官清正之操洒一如其昔雖以是屢忤名貴人而先生固莫之恤也天下由是益高其直節而多尚書之能知人芾少耳先生名意彌以未一面先生為恨然以謂孤騫特峙或峻而不可近逮公子汝閎北來從芾遊間以叩汝閎洒知先生謙實愛人時方以修譜牒置義田以睦宗收族為念暇則與東南

耆宿雍容譚讌其賓禮微遜之士似未嘗為貴官者是豈先生之性量與曩日固有殊焉乎賢者之於世也在官則壹惟其職與其志之所必為而確乎有以自守及一有不合則奉身以退而必不肯依違澳涊於其間以涅其夙志固君子之介也至於故舊往來則汎愛而一視不矜已以絶物不離世以標異穆然若清風之被六合而令人挹之無盡者尤君子之和也而進則以儒者之學惠我民萌退則篤舊而親親以仁其族其薪澤逮於物者固始終靡異焉爾今歲先生在海上時春秋已六十矣三月之吉實為先生生日先生之丈夫子六人方以仕學咸在京津間迺寓書會滬謀為一日之歡而汝閎將行復乞芾一言以壽先生芾維先生之得於天者獨厚是以成諸能者博而施諸人者廣而先生遂亦宜祿壽子孫天人之事其相應而不忒也固如此繼自今先生之福祉

既靡有艾而先生之道殆亦冲然用之而無窮者歟今海内遺黎猶莫之蘇息而外事復棘世之望先生以況宦湘黔時固益宜有進度先生未竟與世相忘汝闓其以是請先生儻彊起而有以慰國人之願慕乎則先生之德與年固不可計數而其貽澤於後以爲陳氏之慶者蓋自是尤無窮也

嚴修等序文

民以食爲天國以財爲寶民之於食可力畊經營自爲計也若夫一國之財非有人焉利導之整齊之則渙散而日匱一國之財渙散而日匱則其國必不支夫古所賤夫言利之臣者謂其掊克聚斂損下以益上耳至聚天下之財以供天下之用不國則已矣國則未有不汲汲於此者也以財治兵兵强而後國存以財興利利開而後民富以財御内内修而後國安以財備荒荒至而民不饑此大學所爲既惡夫聚斂而又言生財有大道也歟蓋言利之臣與理財之士其所分别在公私之間而已矣言利之臣取之盡錙銖以供爲人君者一己之佚樂理財之士則爲天下之民利導整理之吾國往者士大夫多諱言財是以言利之臣自古不乏而理財之士反不數見此國之所以不能富而民之所以不能生也豈

不可重惜乎哉石埭陳劭吾先生少承太公序賓先生之教歷任四方所至有績而尤長於理財當李文忠公督直隸一國大政皆決於北洋故北洋大臣之任獨繁而用財亦獨夥太公先生從文忠公數十年文忠公倚之如左右手文忠公規畫宏遠勳名爛然而取用常不竭恢恢乎若有餘者恃有太公先生之助也先生之初出也文忠公延筦北洋淮軍銀錢所事鉤稽巨細弗濫弗遺父子濟美文忠公深歎奇之許以遠到後以寺丞俸滿選黔之開州知州署婺川及黎平府知府開州教民滋事黎平民俗頗悍先生一繩以法民凜凜不敢犯調辦全省釐捐局時布政使為總辦先生為提調一是取決於先生一年增款幾倍原額其後以道員改官江蘇遂兩任金陵釐捐局總辦一任大通督銷一如在貴州時而先生善理財之名遂徧天下朝廷特命為湖南財政正監理官

先生搜剔舊弊力杜浮濫而或有所不便思齮齕之先生遂去職而是時國家治財尤急大吏爭羅致之故又任揚子淮鹽總棧總辦兼淮南鹽政公所督辦民國既立當路屢欲任以要職皆辭不就一任中國銀行監理官不久亦謝去往來鄉里及上海捐田九百餘畝為石埭義莊又修建宗祠及他義舉甚多蓋先生欲以利天下者返而惠其一鄉也今年乙卯三月之吉實為先生六十之辰修等或久託交游或屢親風采然欽慕之心則一也聞先生精神強固其肯恝然不為一國計而優游自得於江海之上令吾國言理財者不得先生以為資益乎故為文發明國與財相關之故以為先生壽且望先生不忘天下謹序正志學校教務長姚永概敬譔財政部秘書傅增湘頓首拜書參政院參政嚴修李經義馬其昶財政總長周學熙清史館協修姚永樸前衆議院議員周學

燀肅政史傅增湘步軍統領江朝宗中國銀行總裁李士偉會辦
趙椿年財政部參事李士熙秘書章恩壽趙從蕃沈爾蕃王其康
整理賦稅所議員姚東彦僉事朱祖鉉主事衛渤辦事員方時翮
稅務處幫辦徐德虹審計院審計官楊家淦印刷局局長張德薰
科員蘇琳吉林財政廳廳長熊正琦南京造幣廠廠長夏翊宸兩
淮鹽務稽核造報分所課員洪霞京師自來水公司正經理陳功
偉陸軍少校孫度同頓首拜祝
中華民國四年三月 穀旦

李經義等序文

長林居萬山中山勢綿亘達徽歙其間多隱君子而稟造物清肅溫厚之氣超然特出出而與名公巨卿相頡頏者厥惟劭吾先生予昔見先生精敏知先生賢及相與往復論議益欽先生能持正堅忍有操不巽懦隨人可否當世大事非先生莫屬彰彰矣先生少隨父序賓公游北都都人士時所推慕者惟黃岡洪先生右丞右丞弟子滿天下顧謂先生能重道可教先生出其門凡訓詁考據詞章靡不精究尤留心經濟學序賓公善理財先文忠公恆資以勾稽簿書先生間習父所爲文忠公則大歎異及入官宰滇黔間七年先後決獄凡數百有政聲黔人士頌神明焉先生之治獄也以至誠感有罪不酷虐囚至死流涕無怨者先生官開州敎民盧復生以訟擾開州民民憤盧甚奸人方步雲思乘隙激變集丁

壯近萬人將奪城城中民多外徙先生以盧逵法先騐之因單騎出諭居民毋恐吾且治方罪民驩呼散走亂以定歲乙未黔大旱開州民食樹皮草根幾盡大吏匿災不以報先生獨據實援例請免官民恐官觸長吏怒爭以編笠納糧請先生苦諭之至相持泣涕逾年大吏皆褫職去而先生不及於議婺川地遼闊界數省北鄙尤獷民强悍難制有田某者屢緝不獲忽自投吏役爭欲死之先生排羣言令以所居北鄉數十里間無鬥殺自贖釋去北鄉卒賴以安黎平紳民告龍世渭謀反事張大先生不之信按之乃一狂妄豎子爲歌謠以集衆二萬復匪仇爲辭慮其逸不理以他事逮龍出歌謠詰之果戲言禁龍衆立散先生之遇事能斷不誤聽人言有定力類如此先生性剛正輒與大吏齟齬言侃侃不少遜大吏亦往往憚之雲貴總督被劾貴撫任密咨屬臬司往知先生

不阿約與俱時方溽暑先生則微服觸瘴癘行深林叢箐中總督度使者將至遣其私迎車蓋酒食屬於道先生佯弗顧間道至滇總督愳丐先生故人達意且致書先生焚其書亟以文詳述所聞見達撫軍撫軍大歎異溧陽端公督兩江時先生亦改官江南端公好便佞又恃勢於人多所狎侮或以意爲喜怒僚屬獲譴者往往非其罪得先生力爭端公輒改容謝先生治家嚴不縱爲子弟華靡遨放事子弟出入恭謹衣布衣儉約自好衆皆目之雖燕必端坐申申如也童僕非召不入中堂訢訢如也進見者以先生嚴恒惴慄若緘其口先生必婉容温語令得盡所言或遇農夫賈人亦往往樂與談里居瑣屑市廛間事故深知先生者知非一於嚴者也先生長吏事尤善治財初官黔提調黔釐局事三月所入以增期年而倍建德周公督江南畀專責辦釐務先生以江南釐敝

玩不可治痛爬梳之歲入增數十萬周公歎曰是非俗吏可及也調辦皖岸督銷銷額增至十萬八千餘引時度支部尚書耳先生名促入京議鹽政令出清理兩淮鹽弊弊除而政舉吾國人之論理財者蓋無不推先生也先生生平廉於取人而施人者厚愷惻慈祥之意老而愈摯其鄉人之待以舉火者無慮數百人近置義田將千畝恤其族有范文正之遺風焉天之生斯人也固清肅溫厚之氣之所蓄精明强固而不衰者今者六十之年樂善而彌永諸子華華昭聲名於時所交皆當世賢士大夫方謀所以為先生壽吾知天於先生必將以耄耋期頤報之豈僅益大用其才於時流剁澤於人而已耶世愚弟李經方謹譔姻愚弟余誠格敬書李經羲周浩張士珩洪恩廣吳學廉劉世珩張鼐銘魏家驊武勤徐乃昌吳政修汪詠沂洪槃李宗棠章邦直趙秉龢呂祖翼余煥謝

上松吳兆曾涂懋儒李宣龔舒霈袁勵楨王銘震賓以藩單琳夏
翊宸宋漢章桂殿華余之芹周達聶宗羲于豐基張士瑛徐棠劉
體智方臻壹袁勵衡陳忠模桂月華崔法陳燮昭吳之澄蘇培鄭
輔東劉慎詒洪懷祖舒士傑夏毓璜汪瀅胡善登陳應綬江鈞徐
甫陳張蔭栩顧秉鈞濮文波翟鳳翔查鍾泰嚴善坊吳正塵吳東
木朱祖蔭齊嶽英姜志彬黃耀霖李希甲陸如珩湯鈺泉陶寶書
程秉銓鳳朝曦張慶桂翟孝先孫念祖洪冀昌劉純嘏同拜祝歲
在旃蒙單閼季春之月穀旦

言敦源五古

青青岡上柏閱世飽風霜皚皚雲中翯冲天任翶翔可望不可卽忻慕徒徬徨並世頫川君崎才不可當我竊老彭比人爲子貢方鑿楹稟庭語溺學羅縹緗通籍歷中外所至稱賢良憶昔始謁選典郡之黔畺蠻語苦啁哳苗民宿跳梁性黠輕喜怒揭竿敢猖狂禽渠散脅從俠骨秉慈腸望符免胄葉忠敵叱馭王覆盆雪寃獄畫筴謀振荒脂膏身不潤理財尤專長美政僂指計彷彿網在綱文件卷葹閣頌擬胡益陽得此鼎足三後先爭輝煌急流乃勇退鬱林歷歸裝再仕洎吳會鯫生桑梓鄉榷法掃糠稗發伏等探囊過事持大體讜論明且詳交鄰循古道乞糴復發棠寒蟬半喋囁嚇鼠空周章力爭不少屈意氣時激昂但憂全局敗豈駴長官强大錯賴補救私憾終參商湘滇屢推挽漁釣甘退藏如何濁世界

直道苦相妨正氣有生具天賦毗陽剛赴義逾饑渴嫉惡譬探湯
勵假尺寸柄椅立已非常宜展垂天翼時局期回黃無端遭頓挫
利器惜干將雞蟲笑得失品操勵圭璋童時曾結鄰門户兩相望
總角廁羣季賓居兄弟行溝水有東西家國各滄桑回風聚落萍
席暖輙不遑忽忽六十載日月催流光贏得腰脚健何礙鬢髮蒼
前修務敦勗晚節自芬芳春瀾三月中誕降逢嘉祥欲展介眉酒
修阻虛登堂贈言資寄遠累舉期十觴

仲遠言敦源

方履中七律

尚憶江南全盛日相逢一笑釣魚台（寓所白門）流光忽忽十年事宙合茫茫幾刼灰吾道不隨桑海變康時合讓鳳麟才江湖自得逍遥意為誦南華壽一盃

丙辰中春月玉山弟方履中書於抱一堂

徐庚中等五古

我家昔居南君家昔居北道路阻且脩南北長相憶君幼卽勤學嶄然見頭角家君頗愛之相期故不薄謂君非凡才精心通冥漠書來論今古洋洋百千語鐵畫字尤奇鋒稜力透楮老懷大歡慰輙以知人詡迨君壯歲時矯矯青松姿出爲民父母常思溺與飢貪婪世所尚君獨廉不私昏昧世所貴君獨明不欺因循世所安君獨勤不疲滇南瘴癘窟君行以六月毒蛇出深林重山不可越微服糾潛姦密書一夕發錚錚誰與倫佼佼乃見骨移官到江南握手得深談論才無餘子淡泊中心甘是時君五旬門庭無雜賓獻物却弗受高懷絕俗塵大吏忌君才驟瞋復佯親君曾不少顧侃侃大言陳洞庭黏天碧分袂送行迹匆匆曾幾時夢繞廣陵驛風雲變態多荆榛換山河君往海上居避地養天和吾曹困圍城

頻年雙鬢皤亂後重相見忭舞喜各健君才衆所欽欷歔我輩賤
近聞置義田推仁宏大願為善老愈勤理必獲天眷暮春三月中
百花笑春風君今壽六十花映醉顏紅未能登君堂持觴笑語同
祝君多福祉莘莘孫與子祝君壽且康功業無與比瘡痍今滿目
拯救曷能已掖衆登春臺非君將誰恃願以矍鑠翁重為蒼生起
歲次旃蒙單閼桐月既望姻世愚弟徐庚申徐淮生率子姪紹曾
紹熙紹思紹端紹奎紹聖紹舜紹智頓首拜祝

譚延闓聯

北海奉尊賢德無極　南山上頌榮名所歸

李經羲聯

抱經濟才是謂名世　行仁義事克享大年

張謇聯

以朱陳姻爲張高友　啓耆英會成眞率圖

顧祖彭七古

士無志節氣不伸配義與道為彌綸衰世朝士奄奄氣益餒國無與立焉能存卓行石埭陳仲子吾聞其語欽其人咸同之間講儒術君家宗老曰虎臣湘鄉合肥致賓禮蓋公堂上徵蒲輪君習家法受庭誥旁逮閩洛尋真源壯年都門屈下吏清流不染元規塵一麾作牧羅施國七年政績稱神君蠻貊可行豚魚格烏紗頭上惟高雯江南大邦盛財賦吏胥窟宅如絲棼微服周行歷百險剛直而後無與倫（彭剛直巡江時吏畏民懷）繼領鹽綱祛弊竇賑糶影射爭齗齗湘衡紳權久積重逢官瞻顧多逡巡察見淵魚衆所忌燒城赤舌來無因神武掛冠遂初服直氣鼎鼎寖上聞滇黔總制具書幣上公蕉郎人材掄（澤公原名蕉後奉諭改今名）兩淮商力已弩末公來猶足張吾軍旋因國變潔身去海鷗浩蕩誰能馴歲星一周隱淞滬近居水繪懷巢民稀

齡進德日益進祝釐繁費辭來賓我忝季方一日雅（君弟一甫）出示竹報
言諄諄上言民生離水火衽席無力安芸芸次云移莛既難遍利
濟豈在夸多言力所能為利民物白頭昆季同慇懃立身不愧湯
孔伯諛詞安用汪茗文誦君格言識君意疾風勁草道清芬孝肅
剛峯冠明宋漢廷汲黯唐平原至今凜凜有生氣長留志節齊乾
坤惜君今世用未盡江潭憔悴依邱樊勗哉吾黨二三子法言法
服宜同遵願君耄壽儕衛武斡旋元運回鴻鈞
歲次旃蒙赤奮若三月上元愚弟顧祖彭拜譔

趙元禮七律

十年以長應兄事龍馬精神晚更强我有千憂拚一酌天留此老耿孤光避人高隱同元亮有弟齊名比季方近得長生無上法小齋燕坐伴爐香

弟趙元禮學

王武祿七律二首

岳降崧生有自來事功卓卓擬伊萊曾聞澍雨隨車沛更喜甘棠到處栽退處猶為民造福進修已見子多才江南三月春如海歡洽親朋壽域開

世德蟬嫣裕後昆欣看鸞鳳出高門子賢信可娛親老人壽還當戴佛恩蔭世大雲應更遠參天喬木自稱尊不才誼託龍文末邀頌稀齡獻酒樽

乙丑仲春之月愚姪王武祿頓首拜祝

言敦源五言排律

春風歸杖履傲骨耐冰霜翯算千年永鵬程萬仞翔感時空頫卬閱世轉傍徨轍迹窮烏弋神風謝馬當醇醪比公瑾駿望屬元方絕業垂鈆槧藏書富縹緗果符黃髮壽爭羨白眉良世系傳舒水家聲布皖壇締交猶丱角攜手記河梁毅廟初登極中興治道昌奇才昭黼黻熱血迸肝腸斫堊廉推尹駈車馭叱王一麾臨古筑五馬到遐荒卻似甘霖沛真同愛日長捄菑裒挈領剸政網提綱澤普盤江畔官移沅水陽輿情彌浹洽文告更矞煌詎擲班超筆羞爲陸賈裝弦歌馴僰俗雀鼠靖蠻鄉士習端圭璧農人裕橐囊化行靡勿屆縷舉豈能詳再綰文翁綬重栽召伯棠長城懸矩矱湘浦煥天章朝士知忠鯁同僚謝激昂但愁流俗敝寧畏敵人强興利釐祛弊安良更恤商權衡嚴取與用舍慎行藏出處安能浼

升沉總不妨故同秋月絜擬過太阿剛制行宗濂洛傳心溯禹湯
儒林端軌範大義重綱常節比枇杷翠香分橘柚黃宦遊留紀述
賑撫賴輸將逸氣懷公幹高標憶孔璋鶯花勞夢想雲樹苦瞻望
引領人千里言情字幾行何當具雞黍緟許話畊桑剪燭頻相憶
脂車悵未遑雪泥尋舊迹山斗仰清光未改豐裁峻甯愁鬢髮蒼
黃花欽晚節老圃羨餘芳商頌徵純嘏義爻叶上祥喜公方杖國
愧我未登堂敢獻岡陵頌臨風晉一觴

民國十四年歲次乙丑仲春之月上澣世愚弟言敦源率子雍時
雍陶雍梁孫穆賓等拜祝

四弟惟壬序文

劭吾仲兄管府東海之濱今年七十歲先期告誡家人略謂予生於亂世今老矣又值世變何忍言壽萬勿鋪張以重吾過惟壬竊惟序壽非古而天保九如之頌亦嘗被諸聲歌吾兄內行之篤勵學之勤惟惟壬能述之其自著宦遊偶記不過從政之一端云爾爰成韻語授幼子童孫造膝誦讀以佐綵觴而迓天貺博吾兄一笑吾兄或亦許之乎其辭曰昔先大夫官遊津沽王事靡盬不常厥居驛題籌筆雲擁儲胥昆季五人隨兄趨走風雨聯床恭藉奉酒椿萱永感甲乙之年祭葬教養兄任仔肩江南卑溼予病羸尪草堂偃息丈室扶將嫂為和藥兄為進湯友于敦篤不可弭忘癸巳外簡開州作牧萬里間關輶軒甄錄(嚴範孫侍郎語)來往七年池塘夢續(兄在黔亦七年)慤慎開府莞榷金陵嚴剔中飽副此廉能會遭國變褰裳濯

纓共和之初萬端經緯羔鴈在門獨抒偉議會計書成力辭榮利
卜築海濱辟人辟地迺建宗祠春禴秋嘗迺修宗譜世系孔彰體
仁名堂吾觀於鄉型模黎平式是家邦義田贍族上師范氏崇實
設校教先鄉里振乏澹災沛然膏澤永濟橋成民不病涉吾兄之
學幼承庭誥長遊京師嶷然自好交締俊厨守嚴嚬笑式玉式金
清風雅操兄之治心關閩濂洛下逮近儒目耕手削東塾讀書北
溪字略立德存誠希踪先覺勵我身心馳書頻數立懦廉頑如磨
如琢撫我誨我益友嚴師樂城所述往不逾茲春園夜晏進酒一
卮聽彊衛武抑抑威儀益崇明德共葆期頤壽如召公銘鼎奚疑
是為頌
民國十四年乙丑三月同懷弟惟壬撰句恭祝

誄輓類

蔣維喬誄辭

普愛能仁為救世主猗歟　先生今之召杜並仕於黔卓哉治譜聽斷如神無勞鈎距虺豺發覺脫巾譁伍公獨昌言吾不負汝既化獠氓遂寧邊宇衣足桑麻食豐稌黍維茲正供實我倉庾由黔而蘇由蘇而魯宦跡所經歡騰編户釐整鹺綱鈎稽金簿頤養暮年優游解組地僻俗敦遂營別墅睦族賙鄉宜膺多祜胡不憖遺乘風遐舉諶紀多才克家纘緒仲氏交深談經儔侶世界三千莊嚴佛土虔祝　先生光明萬古

武進蔣維喬敬輓

言敦源等祭文

維太歲在乙丑仲秋下澣有九日友人言敦源偕弟同爵率子姪雍時雍儀雍陶雍周雍毅雍梁雍熹雍肅暨孫穆徐穆賓穆淵穆侊穆龢穆京穆忞穆聲謹致祭於誥授資政大夫石埭陳公劭吾之靈曰古之遺直今之耆賢士信知己人貌而天幼湔庭誥壯寀窮邊文通武達洪北江胡文忠開先得　公繩繼鼎足有焉再駕吳會不染腥羶孅玉比潔清水較漣扶搖雲路潛龍茁乾無何高蹠長揖歸田時逢百六香薰膏煎西山抗節東海一廛彭籛上壽孔孟真傳昊天不弔館舍遽捐卅載交誼兩世嬋嫣少陵落月伯牙絕絃三步腹痛斗酒漬緜丹楓失色黃鞠垂蔫靈其來享感逝成篇

尚饗

沙元炳等祭文

維歲在旃蒙赤奮若十有一月甲戌朔越祭日甲申沙元炳顧簪鏡劉寶琳道其南沙元桀祝光樾萬本和熊津源等謹以清酌庶羞之奠公祭於劭吾陳先生之靈曰大道既隱儒法分途孰兼厥美而宏遠謨古有明德曰葛與陶公起師之厥伐斯高治郡理財黔湘炳績梟狼既化邪蠹是剔在儒不緩在法不苛猗歟公德利濟宏多晚歲遺榮嘉遁海濱涉園頤性與物為春門内秩然百事有法時或斥財助興大業藐焉吾儕親公德暉昔聞治譜近佩良規七旬攬揆祝嘏躋堂胡天不惠又拜公喪故山在皖返葬有期哀哀令子萬里奔馳老成雖逝尚有典型擒辭奠酒公其來歆嗚呼尚饗

石埭士紳公祭文

維公既歿之三年鄉人士戴德慕義積不能忘乃崇私謚曰慈惠並為文以告諸在天之靈其辭曰翳公之生實本山川正大之氣以毓秀而鍾奇故其措施所見罔弗廉直而敢為其才焉特立以抗大府兮而于民則懇懇而孜孜且所爭亦正為民兮凡以期弊絕而利滋吾思春秋時之子產兮呈嶽嶽之英姿本強直以為用兮誠執法其無私其政不專于寬兮惟期力振夫綱維乃或人以問宣聖兮宣聖乃以惠人許之豈不曰姑息之非是兮惟嚴正乃奠國基除莠乃為安良兮夫固貌憝而心慈公之生平實類子產兮可並駕而驅馳先後心源若接兮同是矯俗而匡時其心存於惠者無論矣獨不見夫修橋興學以及各項善舉固有不盡之鴻施志惟期于集事兮夫何惜乎捐資而其遺澤所及則固已振困

苦而活飢疲吾鄉人之荷其德意者殆已浹髓而淪肌而公之心仍無盡兮恨不人人被澤得以返治化于雍熙哲人雖則既往兮而道範則已常垂則安得不欽其愛與直兮而驚爲三代之遺爲此心香虔爇兮攄丹悃而爲辭公之靈赫赫在天兮其尚回照而鑒兹嗚呼哀哉尚饗

族人祭文

維民國十四年戊子月甲戌朔越祭日辛丑謹以清酌庶羞之奠致祭於同族劭吾公之靈前而言曰天地之精山川之靈間世而出歆哉偉人公之為官正直廉明滇黔謳誦至今猶存公之理財整飭嚴能僚屬畏憚涓滴歸公公之接物以和以平如霜之肅如日之冬官至監司特賞京卿敬宗睦族總統褒榮棄官而後鄉里敬恭崇實設校體仁堂成以教以育擇人而充創建大橋綿亘如虹廣籌巨款數年經營永濟功竣遠近歌功獨輸義莊規模寬宏如范文正如陶朱公矜孤卹寡敬老憐窮吾族何幸得斯善人馨香禱祝永冀遐齡方逾古稀遽爾長行天胡不弔木壞山崩閤族震悼泣不成聲謹具薄奠敬獻神靈魂兮不昧來格來歆嗚呼哀哉尚饗

三弟惟庚祭文

維民國十四年歲次乙丑季冬月癸卯朔越祭日甲辰同懷弟惟庚謹以清酌庶羞致祭於清授資政大夫劭吾仲兄之靈前而言曰吁嗟吾兄分屬手足愛逾父師當堂上先後棄養弟在童年一切調護提撕唯吾兄是賴及長卧病江南必視察躬親進之以醫藥宦游冀北必殷勤手諭勗之以官箴所以孺慕之私未敢一日忘諸懷抱也回憶吾兄老態日增患鼻淵肝陽等症幾近廿年皆其一生勞苦心力交瘁之所致也自憾勞人草草滯迹瀋陽未克時常趨視中夜循省負疚良多諺云病之吉凶女怕生日後男怕生日前今春七十生辰已度竊私衷欣幸滿擬摒擋歸來以償聚首一堂之願焉胡一旦電傳八月五日考終如寓之噩耗遽棄弟等而長逝竟未嘗求一醫進一藥伏枕哀思悲慟豈有底止嗚呼痛

哉嗚呼痛哉追維吾兄由壯而老自奉菲薄適於寒士民國初年僑寓廣陵得賦遂初效輞川之逸致崇盤谷之高風生平氣節凜然政績蔚然彰彰在人耳目間至力崇孝友念篤濟施以理學為綱維本身作則以經學為根據崇實黜華修宗譜建支祠立學校捐專款以設義莊輸巨金以造橋梁育嬰積穀體仁强本諸善堂一一次第實行此皆追懷吾兄犖犖諸大端而今已矣嗚呼痛哉今值吾兄發引之辰臨奠嗚咽不盡欲言聊恪薦以哀陳奠神靈之來格嗚呼哀哉尚饗

四弟惟壬祭文

維中華民國十四年乙丑夏歷十二月癸卯朔越一日甲辰同懷弟(惟壬)謹以清酌庶饈致祭於清授資政大夫劭吾仲兄之靈前曰

嗚呼吾兄其竟舍(弟)而去耶(弟)與兄別才六閱月耳書問信使往返頻數每聞起居輒為數日喜懼忽接十姪電傳吾兄八月五日考終如皋寓所噩耗距來書無幾時也嗚呼痛哉吾兄承先公之庭誥遠負笈於京畿舉世方騖於聲氣文武熟習於恬嬉獨蜷伏於下吏以樸學為綱維駒父諫議之集(洪先生右臣)偉長中論之資(徐君偉人)淵源師友相與下董子之帷恨終天之失怙爰扶護而南歸抵里門而祭告弟兄相顧潸焉生風木之悲經咸豐之喪亂先世淹蓮家之纍纍承先公之遺囑一一安兆域而樹以豐碑爰續修夫宗譜又建築夫支祠其不忍恝然者春露秋霜之感其不自暇逸者水

源木本之思（弟）荏弱以善病積寒濕而益羸當匡牀之偃仰曾不能自舉夫羹匙邱嫂進芍藥之和兄復時其燥濕解食而推衣迫更生之有慶示我以文章之正軌勗我以先正之遺規承學派於南宋考字義於北溪以規夫俗學之干祿不可以道里稽李文忠念元從之袍澤莞淮海之軍持知兄有素付以莞鑰之重寄期共濟於艱危會金門之謁選得一州如斗大又險遠而屬羈縻下車伊始勸工興學已教養之兼施民教互鬨單騎定亂侃侃持正臨以譯署之文電曾不能為南山之移旱既太甚不忍受笠價而累蒸黎務川（隋設務川宋改務爲婺）任纂地界數圻民輟耕而械鬥地插花而參差積犯聞風而自首頂凶相以勿欺洎領黎平之郡治弔龍魚之井里忠誠煥書院之標題廢墮次第以修舉體仁作記隱然王政之初基繡衣直指微服過洱海之西入虎穴而得子儼牛渚之燃犀

中外有神君之目兄則孤直無助有感於言高而位卑改官江左
東山霖雨臨以朝命而疇咨周愨慎作南洋之牧積弊首剔於牙
釐所至察司巡之弊賨奮號令於風雷歲溢收者六十萬督部嘉
歎謂爲同治甲子以後未有之奇端涇陽規模宏大愛憎屬吏時
不免過舉之私進吾兄為諍友高談廣坐而許以伸眉衡湘將相
之淵藪紳權積重達官隱忍而委蛇兄負監理之責爬羅剔抉其
瑕疵用是為忌者所齮齕中以蜚語而去之久之是非大白於天
下當軸側席而延攬屬領瓜棧之鹽池商民歡忭惜使者之來遲
稽歲終之成績溢常額者如京坻非綜核之有素其孰能語於斯
會武昌之變作蘇滬亦望風而俱靡兄遂浩然有歸志慨大廈非
一木之支遂余初服賃廡卜江上之幽棲泛扁舟於天地玩易識
世運之平陂立義田以贍族家訓有彊本之貽念家山之僻遠與

梁久缺於修治蓄卅年之宏願灑飛翰以交馳愚公移山之志精衛銜石而誠祈浮屠尖合正七旬初度歡然而為進一危劇談終日竊幸神明之健旺祝哽噎以至期頤連床風雨退而記起居為管蠡之窺胡昊天之不弔夢楹奠而縈瓊瑰嗚呼哀哉總此生之志業奉吾兄為嚴師數十年如一日若手足之不可稍離雖山川之間阻感勞燕之分飛精誠默屬浹髓淪肌白頭昆季方期形影之相隨兄今逝矣我復何依嗚呼哀哉吾兄氣節政治之犖犖大者當代故舊咸銘勒於鐘彝惟以孝友篤敬本源之地弟也侍從最久而深知自奉之儉約過於寒士公益捐振之舉輸鉅萬而愉怡雖耄齡猶好學深宵炳燭而孳孳冀純嘏之天錫何棄我之如遺僅數月之短別遂長逝而莫追弟以韋帥而滯歸期未嘗一藥未求一醫未啓手足未聽訣辭迢遞天涯將信將疑魂兮歸來縹

緲靈旗追撫棺之一慟有熱淚之如糜英靈不泯庶幾在茲嗚呼
哀哉尚饗

馮煦聯

理財劉晏聽訟于公循績長留猶憶秣陵同論治
不疾維摩遺榮靖節舊游如夢何堪萬里遽聞歌

李士偉聯

勤政愛民治績應登循吏傳
敬宗睦族典型共仰老成人

顧祖彭聯

千里託神交贈我朱子遺書鉛槧猶新深寧炳燭古
之儒政事文章無非餘緒
一生秉剛德展讀宦游叢稿典型尚在聰訓傳家天
所篤馨香俎豆不愧鄉賢

言敦源聯

綠楊兩家頗憶兒時同陋巷
金飆一霎那堪亂世失耆賢

葉堯階聯

門材比王謝芝蘭設醴無忘歡洽曾親官閣讌
權政擅東南財賦處脂不潤退休猶爲義莊謀

呂調元聯

政績在黔山淮水之間遺愛猶存佳傳無慚漢循吏

德望與秋浦合肥同重老成漸替故鄉又失魯靈光

李錫純聯

庭訓即官箴理財著湘鄂蘇黔更教梓里三農有秋

有歲

考終兼好德致仕享康甯壽富允備箕疇五福全受

全歸

阮强聯

鐲賦盡災黎稽古循良應列傳

輸貲宏教育追懷往事哭先生

田庚聯

龔都尉望重公卿小試見長才迭聽循聲歌渤海

劉昌平誼兼師友遠離成永訣空揮老淚落吳江

趙芾聯

涑水有遺聞抗志温公成雅述

淮陽昭直節比蹤汲黯著賢聲

李德膏聯　平生與晦庵前輩相親鄉邦耆舊今無幾

張廣建聯　學行與虎臣先生爲近政事文章或有餘

以京職出任外官學術重當時不次超遷折獄豐財

蜚令譽

值國變入山高蹈恩施周故里忽辭塵世童歌春杵

合杳聲

劉體乾聯　湘水昔同舟君已兜率歸真哀榮備至

海濱今閉户我感知交零落涕淚縱橫

陳澹然聯　彈劾動雷霆六詔雄畺避驄馬

惠施澤鄉黨千秋遺愛屬鴟夷

張詧聯　爲政得民心杜詩典郡劉晏理財刼後黔湘猶頌績

晚年累陰德希文義莊鄭僑鄉校客中桑梓更關懷

張謇聯

論行在儒法之間退官買田寓舍猶依胡教授
申好繼交親而後女歸示範遺篇苦讀呂新吾

嚴修聯

來鶴深談圖雲寵餞廿年往事如煙服君識燭幾先
謂莽莽神州淪胥已兆
程朱道學賈董文章並世真儒有幾倏爾魂歸天上
歎滔滔江水逝者如斯

沙元炳聯

才長綜覈處事以慈惠為懷陳仲言歷典幹官有此
軌度
口不談禪臨終乃跏趺而逝陶靖節未歸蓮社無礙
菩提

周學熙聯

家聲揚皖水美羨紀羣濟美更軾轍聯芳四十年久託
深交封鮓慕元方綰綬便躋循吏傳

政績首黔陽踵湯陸遺徽紹程朱墜緒三千里遽聞噩耗雋雛慚孺子臨風忍讀宦遊編

周學淵聯

分隔垂十年清話秣陵舟猶憶江樓別孫楚

政聲足千古化歸天目嶺遥知州部哭劉陶

賈士毅聯

一麾出守治譜黄堂復知計政宣勤經濟堪儕齊仲父

七秩延釐尊開白社忽被遯仙遠引典型空仰魯靈光

夏翊宸聯

念平生交游知己相契廿年避地卻塵囂松柏歲寒完善願

教吾鄉先正遺型又弱一个稀齡證佛果蓬萊道遠景靈光

舒鳳儀聯

河里善人多我來問俗採風異口同聲推泰斗
官遊知己少公遽歸真返璞傷心故舊若晨星

桂瑞霖聯

府海書成高仲之間應稱知己
輿梁屹立鄭僑而後再見斯人

吳藩聯

理學繼家聲當年秉權政訂釐章利國福民一代勳名垂青史
退隱安素志此日治橋樑興紡織惠人濟物五溪風雨哭明公

桂紹烈聯

三十年恩深半子飲和食德代計萬全方期永濟橋成體仁續開歲月從容圖報最
二千里趨侍慈顏聯席傾談不知移晷詎料數小時後上方歸去幄幪奄忽失瞻依

張怡祖聯

追隨周李二公偉業奇勳千秋彪炳值茲世難方殷

羣仰中流作砥柱

篤信程朱一脈存誠主敬薄海同欽詎料噩音驟至

情深半子倍傷心

涂懿修聯

祝稀壽甫經五月斑衣環集椿闈增歡深冀長享期

頤常仰靈光垂矩範

讀莪詩未及一年噩耗傳來泰山又隕迴憶恩承高

厚從茲甥館失瞻依

像贊類

衆棼兮獨純衆殘兮獨仁亦仕亦隱以和天鈞乾坤既毀頹然自放爲無懷葛天之民惟萬刼兮不復乃溘埃而反真

劭吾先生像贊

八十三叟馮煦拜題

不作折腰吏奚為强項名先生崇氣節吾道有干城醫國竟無術
還山空復情一瞑從此逝誰更問蒼生

敬題

劭吾先生遺像

韓國鈞

嶽嶽陳君名世之英廉明質直自幼有聲遜清末造吏治窳敗惟
公政績折服中外辛亥鼎革君歸海上蕭然儒素優游養望胡天
不弔奪我老成凡爲後生式此典型
劭吾先生像贊
虞和德敬題

直質不雕琢君真政治家清剛乖世俗談笑却奸邪身以著書瘦
心猶救國賒南天雲樹黯丹旐日西斜
劭吾先生千古

弟趙元禮敬挽

仲弓世澤逮於紀羣君之立身進德日新君之治行美政流聞物望北平之龍虎晚香水繪之松筠膏以明煎薰以香焚亭林改訂其日錄先主今春以所箸宦游叢稿屬幼樓先生暨余校訂深寧自別於下民吾聞其語又見其人景行仰止挹此清芬

劭翁二兄京卿大人遺像

上元弟顧祖彭拜題

先生道範鄙人企仰久矣讀宦游偶記一書所記事覺在在皆至
大至剛浩然不磨之氣所流露信乎其古遺直也歟名昭乎惇史
而慶延於孫子誰曰不宜
劭吾先生像贊

張伯苓譔

世奚太平曰治才盛才亦百端首剛清正同光末造儇巧相競吏
道日媮君子所病雖有明達莫施其賢下此庸懦更不足言亂亡
所至非一日焉諤諤陳君卓立其間君也儒士江國之秀大[illegible]豪
眉生異凡陋儲性雄俊樹質淵茂中歲馳驅厥才未售乃以京秩
選刺黔州夜郎之地萬古荒陬公車既到克剛以柔仁政所施惠
風普周昔丁災旱厚地不毛貧民無食草根為肴飢瘠千狀慘不
敢號搔首問天天何高高君心怛焉請賑上告大吏何心匿災不
報惟君謇謇力爭無效事實為民火赴湯蹈票差催糧四出擾紛
如狼胥吏籍票索民君出免示恤彼小人黔民刁悍化厥惠仁除
彼凶暴以安馴良蠹剔蠹弊用蘇困商莽莽黔山萬古青蒼君留
遺愛蔽芾甘棠祥雲靄靄爰迨吳中緊夫巳氏坐鎮江東煊聲赫
勢炎炎隆隆君獨無阿力攖其鋒晚歲淒清亂作國壞黃樓一炬

烽滿江介海上逃秦魯連慷慨西臺慟哭俗吁且怪袖手神州渺
絶世情竭來命筆自說生平嗟哉傑士東南之英一朝羽化神歸
太清有子克繼頭角如斯積善之家餘慶可知爰持遺象來請贊
詞余縱不文其曷敢辭君之須髯林林如戟君之肝膽皜皜如雪
丹旭四照秋霞千尺義薄雲天氣貫金石泰山巖巖氣象光昌遺
風渺渺山高水長仰瞻德容俎豆馨香凡百有位視此忠良
陳劭吾先生像贊

愚弟唐文治拜題

陵陽勝蹟倔起爲雄英風健骨乃抗吾宗出守黔南滇帥斯劚弭節江東益抗江督豈緊好訐爲天子謀厲此丹忱皎皎難汙文正義莊聲施終古子僑乘輿病涉奚補迺建義莊涂杠載啓揮金萬鎰功淪無已鄙夫窟金曰豐我後象齒焚身所收誰厚振振公子孝思難忘平原買絲赤舄煌煌載貊德音亦維儀羽遐哉孤鴻先民之侶

劭吾宗兄像贊

桐城陳澹然譔

明德之後卓爾先覺漢代循良宋儒道學文則吏部書則魯公至其閎識文正文忠旌麾所蒞吏懾民服國僑有辭氣降異族我使於黔始識元方容我兄事示以周行事無鉅細就公咨討我疏特科公為具草公時太息厝火積薪曾不一瞬滄海揚塵晚歲滄江志行芳潔如何不弔喪我明哲我衰且病素車莫前南天一望泣涕漣漣公德淵懿我辭凡鄙為志與傳以俟君子

劭吾二哥大人遺像

如弟嚴修拜題

翳君賢哲嶽嶽峨峨猷宣征榷弊洗鹽艖德被皖淮聲隆湘澧顯蹟循良存心利濟千鍾貸募萬鎰慨慷鴻安於澤釁指爲梁訓著柏廬書頒劉沼典則猶新音徽竟杳立名不朽遺像常垂老成如見靈爽在兹

劭吾老哥姻大人像贊

姻愚弟徐乃昌敬題

劭公嶽嶽秉心剛直孝友於家流聲鄉國公之為政黎平初趾以
養以教隸駴𪆏喜公之為學崇實黜華讀書致用格言滿家彊本
有訓體仁有堂舒溪之險化為康莊識公伊始明湖泛舟中更兩
紀滄海橫流公病九年病不輟學風雨瀟瀟舊人遐邈
劭吾先生姻大人千古

弟魏家驊拜譔

汝南舊閥潁水耆賢軒冕塵視風義高騫海壖避地義熙紀年幅巾古處令德弗愆晚蓋好靜與佛為緣謀詒厥嗣流澤孔延兀兀遺象式此具瞻

劭吾先生親家大人遺像

姻愚弟張謦拜題

噫何人乎須眉之癯亦仕亦儒仕也則覈儒也非迂平政有録而訓家有書觀父之行勖䕺諸孤勖䕺諸孤烏虖烏虖

劭吾先生親家遺像贊

張謇

翳昔閒君總榷吾蘇發姦擿伏衆狼皆狙按跡所至吏冀民歙想
像風采必陗而嘯晚獲瞻接褎然一儒望肅即穆挹之愈腴手攬
方姚口誦程朱如蘭如櫰漸我巾裾萬喙厖沸婦昌亦孤庶見君
子熏此鄉隅甸日之別形神並祖展像思往我心是瘉

劭吾先生遺像

沙元炳

我瞻遺像如與君逢君德不朽七十而終疇昔之日言笑從容於我獨厚臭味相同有清之季如雲潛龍巖巖其貌景仰無窮

劭吾老哥大人遺像

小弟徐淮生拜題

傳記類

石埭陳公劭吾家傳

徐建生撰

公諱惟彥，字劭吾，石埭人。陳氏自祁門遷石埭長林，已三十七世。曾祖諱楚寶，字非珩。祖諱鶴齡，字九皋，歷世仕未顯而多隱德。父諱爕舉，字序賓，皆以公貴，封榮祿大夫，三代妣封一品夫人。序賓公以諸生從李文忠主軍計二十餘年，積功保知府，沒得優詔賜蔭卹，入祀昭忠祠，附祀李文忠祠。公少承庭訓，始學即厭帖括，嗣在北京從洪侍御良品游，益務為經世之學。李文忠以之繼父職，主淮軍銀錢所，勗以毋墜家聲。越年又遭母喪，哀毀益不支，遂扶櫬回里營葬，並葬四世及旁祖以下十餘浮厝之櫬，為諸弟延師擇聘，回津供職。海軍案內由大理寺寺丞以功保知府，旋選授貴州開州知州，二年調婺川知縣，明年開缺，以知府充貴州釐捐總局提調又明年署黎平府知府先後七年政聲大起尤以折獄明恕遠近稱神明往往鄰治疑獄越境就讞嚴範孫督學歎謂虞芮質成復見今日其執法誠懇得大體尤以在開之譴罰教民盧復生在婺之收撫巨猾田其嚐諸案震耀人耳目為長官所激賞而公之為政實以興學育材藏書課士勸農桑教樹藝戒纏足禁鴉片汲汲開文化厚風俗為想本要圖雅不欲以治獄著稱去黔以道員改官江蘇適周慤慎督兩江委令總辦金陵釐捐調皖岸督銷先後訂章祛弊明功過恤商艱釐收鹽銷增舊額幾倍端午橋繼江督益引重再任釐捐總辦成績更盛惟嚴正終不便於端督之私決然引去居蕪湖時有美人擬築蕪湖油池日人在蕪購振米端督籍公望委辦交涉卒破外商狡謀兩事俱罷己酉奉簡湖南財政正監理官加四品卿爬梳釐剔風節峻上忌者借

故鹺齗公亦怵於積弊太重逆衆叢怨之難樂卸仔肩未一年度支尚書澤公采聲譽召商鹽政幣制公乃縷晰條陳益諄諄以恤民力培國脉爲言澤公歎賞而不能盡用庚戌督辦兩淮鹽政裁撤湖口武穴岳州三掣驗卡岸銷大暢歲逾定額六十萬引辛亥世變軍民將擁爲都督避至滬民初當道迭舉爲財政次長安徽財政司長均辭不就其用世之念蓋自此絶矣居滬久厭囂雜移家如皋十餘年間一致力於里族慈善事業創設體仁堂興復育嬰堂皆捐款巨萬又捐崇實高小學校基本金及常年經費築市路建宗祠修家譜捐蕪湖萬春湖圩田九百餘畝爲陳氏固本義莊復輸穀七百石仿社倉法春貸秋還以濟鄉農之窮石埭大南門外濱大河架木爲橋水漲橋折渡船歲每覆溺公積念三十餘年卒倡捐銀二萬四千元又於京滬募集共銀十三萬元有奇聘

美國工程司招南通建築公司承造士敏土鐵橋長六百十六英尺凡十一孔歷兩載告成為邑中最鉅大之建築最鉅大之功德他如蕪湖育嬰堂清江苦兒院皆輸助不遺餘力生平著有宦游偶記著述偶存及批注性理學案諸書已陸續印行退休後尤耽典籍非甚病手不釋卷終日危坐丹鉛滿几其治家教子尤嚴飭有法乙丑八月五日壽終於如皋寓廬年七十自病至歿神識不衰端坐而逝公同懷兄弟六人公行居次長兄早歿弟四人均能秉公教於仕宦實業中犖犖樹聲績聘徐夫人娶劉夫人先公卒繼娶任夫人均能佐公主家政訓育子女慈淑無間言而任夫人自公歿後家內外一均條理暨捐助慈善各事繼承歷久不懈人尤以為難能子六人長汝熙廩貢生候選縣丞出為長兄嗣次汝宣附貢生候選縣丞三汝禔財政部僉事四汝棐布政司理問五汝圻大同學

院高等畢業六汝開交通大學鐵路經濟科學士女三人長字同邑中書科中書舉人桂紹烈早卒次適南通二品銜修撰農商總長張公謇長子智利公使怡祖三適六安二品銜湖南候補道涂公懋儒長子懿修孫男八人孫女八人

徐建生曰綜公生平大別可為四端曰折獄曰理財曰風節曰慈善折獄理財名顯著矣所謂風節者亦即附見於折獄理財中而尤以在黔之查滇督參案在蘇之與端督抗爭在民初退休時爭撤蕪湖米捐鹽斤加價於軍閥專橫之下為一時清議所推許謇謇諤諤不撓不屈方諸古先名官達人何多讓焉迨觀其晚年篤學修善植家訓子則固藹然一老儒嗟乎用世之烈雖十百倍亦與世運俱逝惟此里族留貽之澤利賴之厚則將亘古不朽乃者鄉之人且推崇謚曰慈惠先生其名之虛實久暫不愈益較然乎

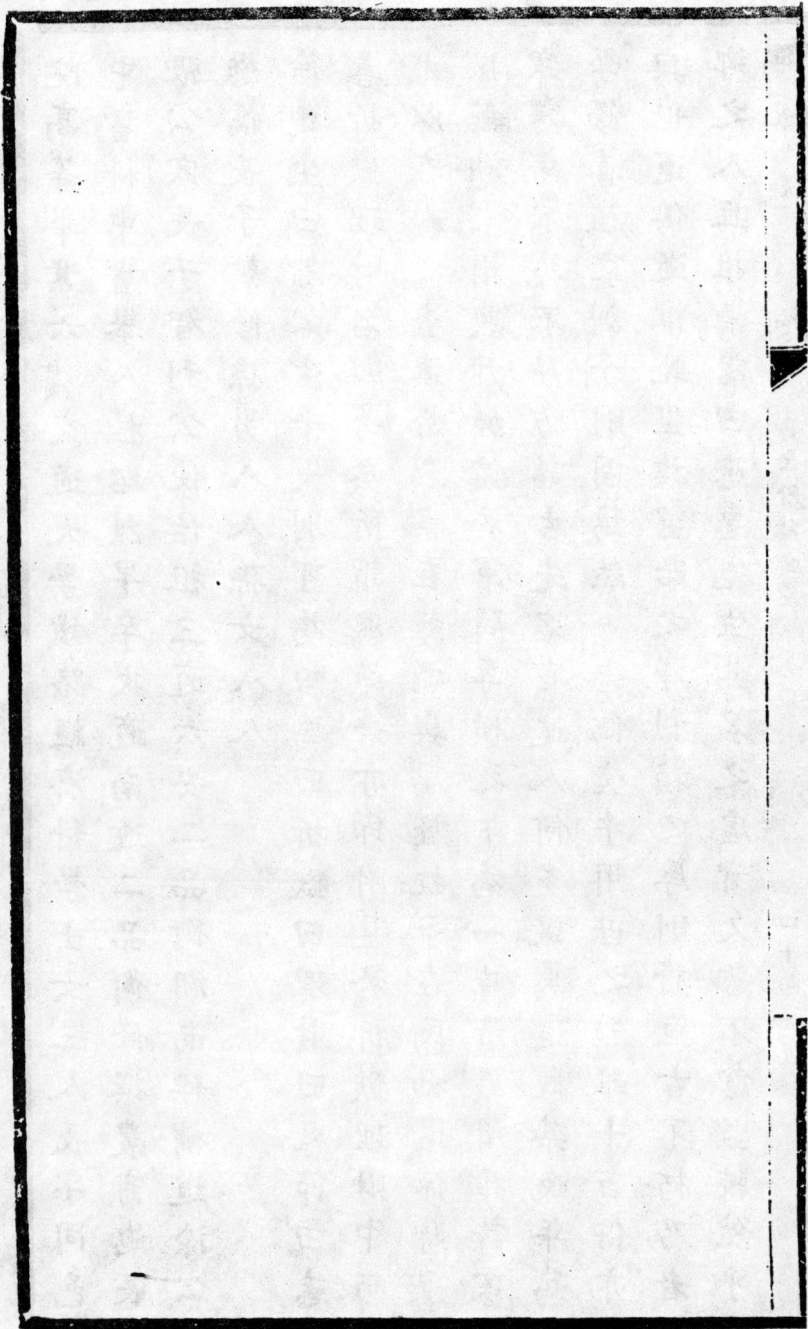

清故二品銜四品卿銜湖南財政正監理官江蘇補用道陳公墓碑　　桐城吳闓生譔文

有清末造庶政失馭上下媮惰侵欺貪冒習爲故常雖有賢智之士亦唯委蛇從俗茍免而已而國祚以此卒斬於冥茫廢墜中莫之能挽也當此之時石埭陳公獨以剛毅廉正犖犖不阿所至聲績焯著屢執所守抗拒長官鑯鍔勃發雖遘讒毁斥謫不改其素卒使當軸傾心虛已以聽方擬展其功緒而遽遭易世之變抑閼以終惜哉惜哉公諱惟彥字劭吾曾祖諱楚寶祖諱鶴齡考諱爕舉以諸生從李文忠主軍計有聲官終知府詔入昭忠祠先大夫嘗爲之撰墓碑公少受業洪侍御良品講致用之學洪故以上疏觸忤慈禧后得罪直聲震天下者也昭忠公既卒文忠以公繼父事已而積功晉知府選授貴州開州知州調署婺川縣開缺以知

府充貴州釐金提調署黎平府凡官黔七年政聲大起在開州逐教民盧復生斷楊土司承襲在婺川釋要犯田其嚮雪陳春元冤獄守黎平首革票差催粮過龍世渭逆謀破鴨販彭三等血案摘發隱伏遠近驚為神明往往鄰縣疑累之訟越境就訴嚴範蓀督學謂有虞芮質成之風至於興學育才戒種烟戒纏足創設體仁養老等善堂救濟老廢孤苦提倡工藝教育尤竭力規畫視為當官急務雖捐廉俸冒疾厲不懈癸卯始去黔以道員改官江蘇甲辰建德周慤慎權督兩江委令總辦甯屬釐捐罷藩司會辦等會銜故例而專任之公悉心鉤稽改比較剔中飽恤商艱明獎懲定章二十條痛革積弊期年增收五十餘萬調皖岸督銷除掣驗官運之弊化私為公歲增銷三萬引皆為從來所未有浭陽端方繼周任慕公名益傾意禮下之而釐局功過升降之事每格於端之

私交偏袒不復能如前此之秉公直行迭爭無效遂引疾去中閒奉委赴燕駁斥美商築油池約東日人購賑米尤為當道所驚服己酉簡授湖南財政正監理官加四品卿銜姦利者聞公至皆震恐未幾為浮言所中公亦鑒於清理之難樂於解職休養度支部尚書載澤聞公賢促召至都委辦兩淮鹽政時國本已搖計臣掊克益亟公為瀝陳民生困敝未可朘削當剔中飽以裕國奬廉能以䘏民民安邦本自固惜澤公不能用既至揚州創設淮南鹽政公所申明約束嚴整緝私而尤以不擾為先治事一年於額銷五十萬引外增銷十三萬六千引國庫增入二百餘萬俄而武昌事起革軍至亦以禮請留公徑去不顧民國元年皖都督孫毓筠舉公為財政司長且至滬勸駕公以都督不干預財政權陸軍限練一師酌設警備隊不得多養冗兵以紓民力為約孫乃唯唯諾而

止自是寓居滬瀆十餘年得以致力於里族公益慈善事業倡設崇實學校興復育嬰堂及社倉創造永濟橋設立體仁堂置族中固本義莊所以培植人材振卹孤苦敦族濟涉惠及鄉井者斥私財至鉅萬不少悋而尤以永濟橋工為最偉大公一生承家學篤守程朱性嚴正而行平恕為官尤勤懇愛民在黔查滇督參案在甯與端督抗辯風節峻上天下嚮慕其實公固粹然一儒者晚年退休非甚病手不釋卷所讀以性理語錄書為多蓋性近也乙丑年八月初五日以疾卒於如皋寓廬年七十是年冬歸葬石埭二都荒田壟先塋聘徐夫人娶劉夫人任夫人子六人汝熙汝宣汝湜汝炘汝閎女三人孫男女凡十六人汝閎以狀來乞銘閩生曰揚盛美以紹先職其奚敢辭公他懿行猶多今不著著其大者銘曰龍旗之縿也不可繫苕葦之間也鼉鼓之蹴也不可以為哇咬

之娛也英英陳君萃焉高芬絕於垢氛遭世骫骳獨峙其已終亦
不屺時與願赴何業不樹惜哉莫遇瑑銘幽室有馨其苾旌爾荒
遙

清授資政大夫二品銜四品卿湖南財政正監理官江蘇補用道

劭吾府君行述

府君諱惟彥字劭吾姓陳氏先世居徽州祁門五代時遷石埭遂為石埭人高祖以上代有顯達曾祖非珩公官浙江典吏祖九皋公議叙從九品考序賓公直隸補用知府俱贈榮祿大夫曾祖妣蘇祖妣桂妣沈俱贈一品夫人序賓公以諸生師事宗人虎臣徵君治宋儒義理之學佐李文忠主行營支應飛芻輓粟前後凡二十年出納數萬萬無纖介私累功知保府及卒李公聞於朝贈道員廕一子事蹟宣付史館立傳入祀鄉賢祠直隸湖北蘇州無錫淮軍昭忠祠有子六人先伯父子高公早卒府君其仲也性沈毅言行瑰琦居京師從黃岡洪右臣先生遊講求體用之學卓犖有大志年二十三補大理寺丞日親當代賢儒在京七年未嘗一入

戲館人以為難歲甲申先王父病重馳津省視至則甚慰與論病狀頗詳且曰吾以諸生贊戎幕二十年來上下相符鑲節而民不敝雖未柄用吾心安焉爾齒長當督諸弟誦法古人期身遠大一切事好自為之府君性至孝侍疾兩月衣不解帶湯藥必親嘗居喪躄踊嘗一日夜不小便七日不大便雙目生努肉頭重難起同僚以几命為勸始進薄粥自後惟食極輭飯半盌三年乃增一盌終其身不渝語及遺事則淚盈眥人益歎服當是時淮軍餉糈關重要先王父既沒文忠特命府君繼其事檄曰毋墜家聲其期望之殷如此逾年先王母又沒府君迭遭大故慨念窀穸未安諸叔幼弱乃於丙戌秋奉櫬南歸先後葬四世及旁祖以下十餘區復修住宅為諸叔延師交娉子身供職津沽辛卯辦理海軍案內保以知府用癸巳選授貴州開州知州越二歲調署婺川明年開缺

仍以知府委充貴州釐捐總局提調又明年權守黎平宦黔七年
以折獄平允見重大吏督學嚴公範孫歎為有虞芮質成之風促
記其事府君笑曰典守所在吾烏知能使生者不怨而死者不恨
也方在開任教民盧復生挾教仇民幾釀大亂府君逐之而以單
騎散其衆盧復聳法主教行文黔撫爭回教案府君持不可有强
項令之目他如興學報災禁種罌粟講求水利勸課農桑凡有利
於民者罔不畢舉府君儉以律躬嚴以馭下彈邪繩枉州界肅然
其治婺也一本開政王魯薌中丞奏為良吏第一擢黎平知府黎
平介楚粵之間漢苗雜處其時粵西方亂中丞憂之屬府君往曰
是吾東南管鑰也必能化干戈而為玉帛至則辦保甲免票差催
糧以安比户考覈吏治敦尚禮教興女學禁纏足建體仁堂購置
官書刊天足約言訂書院條約立幼學分年課程殫精竭力鉅細

兼賅於時民風丕變士務實學先是滇督被劾旨飭黔撫查辦中丞知府君守正命會臬司往至滇境州縣承督意供億甚盛府君乃減車從間道先行時值六月溽署徒步走崇山菁林中兼程達省明察探訪盡得其狀與臬司據實會覆滇督以下皆降職有差旋以道員改官江蘇途遇新撫鄧公邀留具奏有廉能卓著之稱奉旨嘉獎未出都會撫周公玉山奏調山左將畀以重任適先妣病沒里中乃歸明年周公督兩江密委查金陵所屬釐捐歲暮冒風雪徧歷長江内河淮揚淞滬等處微服糾察舉其有病於民者而罷之貨乃無滯乙巳總辦金陵釐局兼上新河木釐局周公又為裁去藩司領銜及各道會銜以專其任府君在外久深知民之情僞乃考舊章訂新例禁下票重比額吏不敢私甫一歲收入較最旺年增銀近六十萬周公謂自設釐以來未有若斯之盛者專

摺奏保奉旨加二品銜丙午調皖岸督銷首設官銀號司出納總
局司簿記申明約束整頓緝私額銷向不及九萬引是年增至十
萬八千餘引敘功交軍機處存記時周公移督兩廣將調往繼任
端公午橋不任行因挈眷居蕪湖一歲之中數受端公委任最著
者莫如日人購米一事蓋東鄰狡黠利在緩期藉販運出洋擾亂
民食府君洞燭其奸不允上海起卸限一次裝載直放長崎日人
計遂沮己酉簡湖南財政正監理官加四品卿銜到任後澈查積
弊方欲杷梳爲忌者中傷解職去尚書澤公時長度支知府君善
理財電約入都商鹺政乃陳條議亟蒙贊許又以幣制複雜議請
劃一未果行庚戌督辦淮南鹽政裁撤湖口武穴岳州等處掣驗
各卡以杜勒提索賄之弊於是行銷大暢逾定額六十餘萬引府
君嘗言中國財政非不可理去其私則理矣因論官場之敗亦惟

溺與私溺則詭隨私則廢法故其用人行政一秉至公賢雖微而必錄不肖雖親而不用風紀整肅人莫敢私辛亥改革地方軍民將擁為都督不顧避地滬濱終日手一卷自娛不交世事當道迭聘為財政次長及安徽財政司長均辭民國初皖省困於軍閥厲政之下莫敢攖其鋒府君以桑梓所在力爭撤蕪湖五卡又取銷鹽斤加價性仁慈尤重故鄉自政變以來無日不以慈善為懷出其所罣蕪湖萬春湖圩田九百餘畝為固本義莊以贍族人蓋古義田意也既又改建宗祠修家乘築市路設體仁堂購屋置產藏廩儲書規模宏大邑人賴之又憫農貧獨輸穀七百石仿朱子社倉法春貸秋斂以為常興育嬰立崇實學校至今赤子得所生多士彬彬有文物之盛城南濱大河向架木橋山洪暴發津渡尤危遭溺斃者歲不乏人府君傷焉倡造鋼骨士敏土橋適從弟汝良

畢業北洋大學橋梁科命其相度製圖復聘美工程師裴特森氏審定招南通公司建築計長六百十六英尺凡十一孔歷數年始成費款十三萬有奇而以府君之助爲最多他如蕪湖育嬰堂清江苦兒院莫不輸將佽助晚年多病厭海上塵囂卜居如皋愛其地僻俗敦便於安養性耽典籍尤篤嗜程朱自始澈終履行如一而於古今學派源流辨析至精孜孜研討雖甚病不廢蓋中歲任事過勤體氣大虧戊午中風衰象益著至乙丑八月五日而府君卒前三日客自里中來者商辦公益慈善娓娓談論無倦容四日夕尚點治朱子古文從容就寢中夜疾促强起趺坐體稍倦猶自支拄至寅刻乃逝享年七十即於其歲歸葬石埭二都荒田壠聘徐夫人配劉夫人恭儉慈惠能合其德年四十六先府君卒繼任夫人明敏練達府君養疴滬上夫人綜理家政好施與凡有善舉

必賛助之及府君卒仍復踵行不少衰有子六人女三人皆劉夫人出長（汝熙）廩貢生候選縣丞出嗣先伯父子高公（汝宣）附貢生候選縣丞（汝湜）財政部僉事（汝準）布政使理問（汝炘）大同學院高等畢業（汝闓）交通大學鐵路經濟科學士江海關監督署諮議女長字同邑中書科中書舉人桂紹烈未嫁卒次字南通二品銜翰林院修撰農商總長張公謇長子智利公使怡祖三字六安二品銜湖南候補道涂公懋儒長子懿修孫男八人孫女八人

男汝熙 湜 闓 謹述

先君棄養九年矣生平政績行誼大略具於官遊偶記著述偶存中及　諸前輩寵錫之文字已可概見惟其家居細行鄉里善舉有為以上所漏述或述而未詳今三兄正有忽又淹逝諸孤惟存汝闓一人年最少而知識尤短謹就趨庭見聞及得諸耆舊所稱道者補述一二洪楊亂定　先王父挈家居金陵　先君年未冠從太姻世伯徐圭峯先生讀卽刻勵為同學冠　先王父治家嚴肅每食蔬一簋冬不裘夏不葛　先君稟家教習性如是　先王父入李文忠公幕主軍需隨節移家天津　先君始赴燕京從洪右臣侍御學迨　先王父母相繼見背　先君哀痛幾至毀性里族父老多有謂其純孝孩童時卽已表見特居喪哀毀爲尤著耳歷官黔蘇湘等省先後二十餘年雖簿書填委舟車倉卒無日不讀書習靜循省功過卽其官聲政績遠近喧傳抗直之風長官折節而

自視欿然若猶不足辛亥世變後屏謝一切避地滬濱厭其囂雜遂遷居如皋越六年考終此十餘年中萃力於里族公益諸事創設石埭體仁堂購屋置產度藏書籍捐資萬數千金興復育嬰堂仿社倉法獨出資購備穀七八百石春借秋還救濟鄉農以爲常又倡設崇實高小學校捐助常年經費基本教育得以進展近且增設師範講習班修建宗祠捐田九百餘畝立固本義莊以贍族人石埭南門外大河爲徽池兩郡出入要道河寬五十餘丈自昔架木爲橋每夏水漲山洪暴發木橋毀則以船渡恆懼覆沒且三十年前 先君親見一渡船覆溺數十人慘然動念思築石橋濟人庶免此厄乃以工艱費鉅屢議不果寓滬時倡捐二萬四千元並募集諸慈善闊人樂輸贊助及四叔父等捐募合銀十三萬有奇聘美國工程師招南通建築公司承造鋼骨士敏土橋石橋費更鉅且不及士敏土耐

久歷兩載告成計長六百十六英尺凡十一孔橋成而　先君已病篤矣餘如捐助蕪湖育嬰堂善會暨清江苦兒院常年經費如皋施送醫藥等善舉但為力所能及事實有濟雖斥巨資不稍吝至於教誡子孫語載家訓中茲不贅述猶憶先　君臨終前一夕召汝閎至膝前諭之曰吾病不可為顧念汝等惓惓不能釋幸汝繼母勤慎明恕汝等當謹遵其言毋墮家聲貽先人戚汝受其撫育教養之恩不啻生母尤當敬事之其加勉焉嗚呼此即最後之嚴訓不可再聞矣　先君嚴氣正性不苟言笑生平於閱讀書史外不輕見愉悅之容惟六旬七旬兩次稱觴天倫團聚賓朋畢集撚髯歡慰異於平時此外則固終其身無日無時不在憂勤惕勵中也我子孫果將何以繼之

男汝閎濡淚補

壽考附錄一卷終

六男汝闓恭校印

人名索引

二畫

三畫

四畫

五畫

六畫

七畫

八畫

九畫

十畫

十一畫

十二畫

十三畫

十四畫

十五畫

十六畫

十七畫

十八畫

十九畫

二十畫